COURS

DE

DICTÉES ORTHOLOGIQUES

Chaque exemplaire est revêtu de la signature des Éditeurs.

COURS

DE

DICTÉES ORTHOLOGIQUES

EN TEXTE SUIVI

AVEC CORRIGÉ RAISONNÉ

A la suite de chaque dictée

A L'USAGE

1° DES MAISONS D'ÉDUCATION

2° DES PERSONNES QUI SE PRÉPARENT A L'EXAMEN DU SECOND ORDRE (INSTRUCTION PRIMAIRE)

PAR

TH^RE LEPETIT

Professeur à Paris

L'instruction et l'éducation ne doivent jamais être séparées.

PARIS

LAROUSSE ET BOYER, LIBRAIRES-ÉDITEURS

49, RUE SAINT-ANDRÉ-DES-ARTS, 49

1861

OUVRAGES DE M. TH. LEPETIT

GRAMMAIRE.

PETIT LHOMOND DES ÉCOLES (LE), ou Principes élémentaires de Grammaire française. Cartonné, 50 c.

Cette *Grammaire*, rédigée sur le plan de celle de *Lhomond*, enseigne, en un petit nombre de pages, l'*art de parler et d'écrire correctement en français*. Des définitions d'une clarté et d'une précision remarquables, des exemples bien choisis, une théorie nouvelle pour la *conjugaison des verbes* et l'*emploi des temps du subjonctif*, l'orthographe des *participes* ramenée à une *règle unique*, etc., impriment un cachet tout particulier à ce petit ouvrage, fruit d'une longue expérience dans l'enseignement.

COURS GRADUÉ DE DICTÉES FRANÇAISES

En texte suivi, sur un plan entièrement neuf :

DICTÉES ORTHOGRAPHIQUES :

COURS DE 1re ANNÉE, partie de l'Élève, 75 c.
— partie du Maître, 1 fr.

COURS DE 2e ANNÉE, partie de l'Élève, 1 fr. 10.
— partie du Maître, 1 fr. 50.

COURS DE 3e ANNÉE, DICTÉES SUPÉRIEURES, suivies d'un Vocabulaire raisonné. 1 volume, à l'usage du Maître, 2 fr.

DICTÉES ORTHOLOGIQUES,

En texte suivi, avec Corrigé raisonné à la suite de chaque Dictée. 1 volume à l'usage du Maître, 2 fr.

DICTÉES HOMONYMIQUES ET PARONYMIQUES

(en préparation).

DICTÉES SUR LES PARTICIPES

(en préparation).

COURS GRADUÉ D'EXERCICES DE STYLE :

PRINCIPES ET EXERCICES ÉLÉMENTAIRES DE COMPOSITION FRANÇAISE, comprenant : 1° des Préceptes pour chaque genre ; 2° des Modèles de composition littéraire ; 3° de nombreux Exercices d'imitation. 1 volume à l'usage des Élèves. Cartonné, 75 c.

PREMIERS EXERCICES DE STYLE ÉPISTOLAIRE, 1 fr. 10.

EXERCICES DE STYLE, précédés de notions élémentaires sur la composition littéraire, à l'usage des Pensions des deux sexes :

Cours de 1re année, 1 fr. 50.
Cours de 2e année, 1 fr. 50.

Paris. — Typ. de PILLET fils aîné, rue des Grands-Augustins, 5.

PRÉFACE

La GRAMMAIRE peut se diviser en trois parties : la LEXICOLOGIE, la LEXICOGRAPHIE ou ORTHOGRAPHE, et l'ORTHOLOGIE ou SYNTAXE.

La première partie traite de la classification et de la fonction des mots dans le discours; la deuxième, de la manière de les écrire*; la troisième, de leur emploi et de leur construction dans la phrase.

Le COURS que nous publions aujourd'hui se rapporte à cette troisième partie. Il se compose de CENT DICTÉES en texte suivi; toutes sont extraites de nos meilleurs écrivains, et propres à orner l'esprit ou à former le cœur. Nous avons placé, à la suite de chaque dictée, le CORRIGÉ RAISONNÉ des fautes qui s'y trouvent; et, comme

* Nos *Cours* de 1re et de 2e année répondent à ces deux parties.

nous savons par expérience que tous les moments du professeur sont comptés, nous avons préféré des redites à des renvois. D'ailleurs, le maître sera toujours libre de corriger comme il l'entendra; il pourra même se servir des termes de la grammaire qu'il fait suivre; cependant, pour l'emploi des temps du subjonctif, nous l'engageons à consulter notre PETIT LHOMOND DES ÉCOLES : il y trouvera toutes les difficultés résolues au moyen de quatre règles simples et sans aucune exception. — Une chose que nous recommandons surtout, c'est que l'élève fasse lui-même le CORRIGÉ RAISONNÉ; il ne suffit pas d'apercevoir une faute, il faut savoir la corriger, en dire le *pourquoi*.

Dans nos publications du même genre, nous nous sommes fait une règle ou plutôt un devoir d'accompagner chaque texte du nom de l'auteur auquel nous l'avons emprunté. Ici, nous n'avons pas osé suivre cette règle, la nature même des Exercices nous obligeant à défigurer le style de l'auteur. — Mais si nous avons pris la liberté de modifier parfois la *forme*, nous avons toujours respecté le *fond* même du sujet, de manière que la pensée de l'écrivain n'arrivât pas moins au cœur ou à l'esprit de l'élève. — Parmi les auteurs contemporains qui nous ont fourni des textes, nous sommes heureux de citer Balz , J. Janin, Lamartine, Michelet, Villemain, Victor igo, etc.

Nous espérons que notre nouvel ouvrage, qui s'adresse aux élèves des classes supérieures et aux personnes qui se préparent aux EXAMENS DU DEUXIÈME ORDRE, sera accueilli avec la même bienveillance que ses aînés; si cet espoir se réalise, ce sera notre plus douce récompense.

Paris, septembre 1861.

TH[re] LEPETIT.

DICTÉES ORTHOLOGIQUES

I

L'ART DE DONNER

Turenne aperçut un jour dans son armée un officier une naissance distinguée, mais peu *fortuné* (1) et très- al monté. Il le *prie de dîner* (2) avec lui, le tire en articulier après le repas, et lui dit avec bonté : « Mon- eur, j'ai une prière à vous faire : vous la trouverez eut-être un peu hardie, mais *j'espère que vous ne vou- ez* (3) pas refuser votre général. Je suis vieux, continua- il, et *je jouis d'une mauvaise santé* (4), les chevaux vifs ne fatiguent, et je vous en ai vu un sur *qui* (5) je serais, e crois, fort à mon aise. Si je ne craignais de vous de- nander un trop grand sacrifice, je vous dirais : *Cédez- noi-le* (6). » L'officier ne répond que par une profonde ré- vérence et court prendre son cheval, qu'il mène lui- même dans l'écurie de son général. Le lendemain, sur *les midi* (7), Turenne lui en envoie un des plus beaux et des meilleurs de l'armée. Il n'est pas plus ordinaire de donner de cette manière que d'avoir l'âme de Turenne.

—

CORRIGÉ RAISONNÉ

1. *Riche.* | *Fortuné,* formé de *fortune,* dérivé du latin *fortuna,* sort, accident favorable ou défavo-

rable, se prend en français dans le sens particulier de *heureux* :

> Il soupirait le soir si sa main *fortunée*
> N'avait de ses bienfaits signalé la journée.
> (BOILEAU.)

Quelques-uns l'emploient à tort comme synonyme de riche, et disent : *Il appartient à une famille* FORTUNÉE ; *c'est un homme* FORTUNÉ. C'est une très-grave impropriété d'expression dont certains écrivains se sont rendus coupables.

2. *Prie* À.

Voici la différence qui existe entre *prier* A *dîner* et *prier* DE *dîner*. Pour la sentir, il faut se rappeler que la préposition *à* indique toujours un but, une tendance à un but. Si j'ai fait préparer un dîner pour quelques personnes, ce dîner est un but pour ceux que je dois y inviter, *et je les prie* À *dîner*, c'est-à-dire à un repas que j'ai fait préparer pour eux. Mais si une personne vient me voir au moment où je suis près de me mettre à table avec ceux que *j'ai priés* À *dîner, je la prie* DE *dîner*, parce que ce dîner n'avait pas été préparé pour elle. Ainsi, *prier* À *dîner* marque un dessein prémédité ; *prier* DE *dîner* est un terme de rencontre et d'occasion.

3. *Voudrez.*

Le verbe *espérer* ne présente à l'esprit que l'idée d'une chose future : car l'espérance ne peut avoir pour objet ni ce qui est présent ni ce qui est passé; il ne doit donc pas être suivi d'un verbe au présent ou au passé.

4. *Je ne jouis pas d'une bonne santé.*

Jouir, dérivé de *joie*, exprime le plaisir, la satisfaction qui résulte d'un avantage, d'un bien obtenu; il ne peut donc se dire qu'en bonne part ; ainsi l'on dit : JOUIR *d'une honnête aisance ;* JOUIR *d'une bonne santé.* C'est donc fausser le sens du mot et s'exprimer contre l'usage établi que de dire : JOUIR d'une mauvaise santé.

5. *Lequel.*

Qui, précédé d'une préposition, ne se dit que des personnes et des choses personnifiées.

6. *Cédez*-LE-MOI.

Quand un impératif a deux pronoms personnels pour compléments, le pronom complément direct doit s'énoncer le premier.

7. LE *midi.*

Midi, milieu du jour, est un nom qui ne s'emploie point au pluriel; il faut donc dire sur *le midi* et non sur *les midi.* — Même observation pour le mot *minuit*, milieu de la nuit.

II

LE TRÉPIED D'OR

Un jour, des étrangers de Milet, passant par l'île de Cos, achetèrent de quelques pêcheurs *ce que ceux-là allaient tirer du coup de filet* (1) qu'ils avaient jeté dans la mer. Ces pêcheurs tirèrent un trépied d'or massif qu'Hélène, revenant de la guerre de Troie, avait, dit-on, jeté autrefois dans cet endroit, à cause d'un certain oracle *qu'elle s'était rémémoiré* (2). Cela fit d'abord naître un différend entre les pêcheurs et les étrangers ; ensuite les villes, s'y étant intéressées, *prirent parti chacune pour leurs gens* (3). *On était prêt à en venir à une guerre ouverte* (4), lorsque l'on convint de part et d'autre de s'en tenir à la décision de l'oracle. On envoya donc à Delphes; l'oracle fit réponse qu'il fallait donner le trépied au premier des sages. *On alla de suite* (5) le porter à Thalès, *qui le fit remettre à Bias, qui, par modestie, le rendit à un autre, qui s'empressa de le donner à quelque autre, qui le remit à Solon* (6). Solon dit qu'il n'y avait rien de plus sage qu'un dieu ; il fit porter le trépied à Delphes, *et le consacra à Apollon* (7).

CORRIGÉ RAISONNÉ

1. *Ce que* CEUX-CI *allaient tirer du coup de filet.*	*Ce que ceux-là allaient... Ceux-là*, se rapportant aux personnes ou aux choses nommées les premières, rappellerait l'idée du nom *étrangers*; or, comme c'est le mot *pêcheurs* qu'on veut rappeler, c'est du pronom *ceux-ci*, qui désigne les personnes nommées les dernières, qu'il faut se servir.

2. *Qu'elle s'était* RÉMÉMORÉ.	*Qu'elle s'était rémémoiré..... Rémémoiré* n'est pas français. Le verbe *rémémorer* est tiré directement du latin *memoria, rememorare,* et non du mot français *mémoire.*
3. *Prirent parti chacune pour* SES *gens.*	*Prirent parti chacune pour* LEURS *gens...* Remplacez *leurs* par *ses;* c'est une phrase elliptique; la construction pleine est : *Ensuite les villes, s'y étant intéressées, prirent parti,* CHACUNE *prit parti pour* SES *gens : ses* est évidemment en rapport avec le sujet de la seconde proposition.
4. *On était* PRÈS D'*en venir à une guerre ouverte.*	*On était prêt à...* Il ne faut pas confondre *près de,* signifiant *sur le point de,* avec *prêt à,* qui veut dire *disposé à.* Il est clair que le sens réclame ici l'emploi de la première de ces deux expressions.
5. *On alla* TOUT DE SUITE.	*On alla* DE SUITE. *De suite* signifie *l'un après l'autre, sans interruption :* ce n'est pas ce qu'on veut dire ici; on veut exprimer qu'on alla *aussitôt, sans délai, sur-le-champ;* dans ce cas, il faut dire *tout de suite.*
6. *Qui le fit remettre à Bias; Bias, par modestie, le rendit à un autre, et cet autre s'empressa de le donner à quelque autre qui le remit à Solon.*	*Qui le fit remettre à Bias qui,* etc. Ces *qui,* en rapports divergents, produisent un mauvais effet et embarrassent la phrase : il faut prendre un autre tour. Il peut cependant s'en trouver deux; mais un plus grand nombre n'est pas tolérable.
7. *Et le fit consacrer à Apollon.*	*Et le consacr*A À A*pollon :* cacophonie; dites : *Et le fit consacrer à Apollon.*

III

UN ORCHESTRE D'UNE NOUVELLE ESPÈCE

L'abbé de Baignes, chef de musique de Louis XI, était un homme fertile en inventions et qui savait *adopter* (1) son génie industrieux aux circonstances les moins attendues. Le monarque voulut un jour qu'il *fasse* (2) exécuter un concert par des pourceaux. Il pensait qu'il *aurait pu* (3) réduire l'adroit abbé à l'impossible par la bizarrerie de cette demande, mais son espoir fut déçu. L'ingénieux musicien ne perdit point courage, *comme l'aurait perdu un homme ordinaire* (4); *et, quoique la chose* présentât de graves difficultés, il résolut de l'entreprendre. Il rassembla donc une certaine quantité de pourceaux de différents âges, et dont les cris devaient produire différents tons. Tous furent mis par ses soins dans un magnifique pavillon de velours; ce pavillon était divisé en un certain nombre de cellules avec porte donnant sur une sorte de *collidor* (5); une table était placée au-devant de ce pavillon; on montait sur cette table par plusieurs degrés qui formaient une espèce de jeu d'orgues. *Certains aiguillons, touchés par l'abbé, allaient piquer les pourceaux qui, ainsi aiguillonnés, poussaient des cris qui produisaient une harmonie qui devait avoir la nouveauté pour unique mérite, et qui* (6) *obtint l'entière approbation du roi.*

CORRIGÉ RAISONNÉ

1. *Adapter.*	*Adapter* et *adopter* sont des paronymes qu'il ne faut pas confondre. *Adapter* veut dire ajuster une chose à une autre : *adapter* un robinet à une fontaine, son génie aux circonstances. *Adopter* signifie considérer comme sien : *adopter* un orphelin, un genre, une opinion, une manière de faire.
2. *Fît.*	On veut exprimer ici un futur conditionnel; c'est donc le deuxième temps du subjonctif qu'il faut employer.
3. *Pourrait.*	C'est ainsi qu'il faut dire, puisqu'on veut exprimer un temps à venir relativement au verbe de la proposition principale. La faute que nous signalons ici est grave et se commet très-fréquemment.
4. *Comme aurait fait un homme ordinaire.*	Dans cette phrase, le nom précédent, *courage*, n'est pas déterminé; il ne peut donc être remplacé par le pronom personnel *l'* (*le*) : il faut prendre une autre tournure.

5. *Corridor.*	*Collidor* est un barbarisme.
6. *Certains aiguillons, touchés par l'abbé, allaient piquer les pourceaux; et ces animaux, ainsi aiguillonnés, poussaient des cris qui produisaient une harmonie dont la nouveauté devait faire l'unique mérite, et qui obtint l'entière approbation du roi.*	L'emploi trop répété du pronom conjonctif *qui*, en rapports divergents, rend la phrase traînante et produit un effet désagréable : il faut l'éviter soigneusement.

IV

LES ENVIRONS DE JÉRUSALEM

En sortant par la porte de Bethléem, et en traversant une partie du ravin qui s'étend au-dessous, la montagne de Sion se montre bientôt aux yeux du voyageur (1). Combien l'aspect de cette montagne est majestueux du fond de la vallée de l'Hinnom, de cette vallée bordée d'une chaîne de rochers qui lui servent de remparts! Rien ne trouble le silence de cette solitude. Sur la droite, la montagne des Oliviers est la seule chose qui distraie la vue. A ses pieds s'étend la vallée de Josaphat, *où on* (2) distingue, *à travers* (3) les arbres, le tombeau de Zacharie, le dernier des prophètes immolés par les Juifs. Le seul ruisseau que l'on voie de ce côté vient de la fontaine de Siloam, au revers opposé de Sion. La Cité sainte *est disparue* (4), et avec elle les monuments sacrés; mais l'aspect de cette contrée, qu'ont pour ainsi dire labourée les miracles, *a resté* (5) le même. Les montagnes, les vallées, les lacs même sont toujours là ; seulement, au mouvement et à la vie se sont substituées la solitude et la désolation.

Leur gloire s'est éclipsée, mais leur beauté s'est perpétuée triste, sévère et silencieuse. Il est impossible que l'étranger les parcoure *sans qu'il éprouve* (6) je ne sais quelles délices. A chaque pas, son imagination ranime la nature expirante sur ces monts arides, dans ces plaines où s'est effacée l'empreinte des pieds de l'homme, dans ces vallées sans écho ; et elle lui montre la vie et l'immortalité s'élevant radieuses du sein des misères humaines.

CORRIGÉ RAISONNÉ

1. *En sortant par la porte de Bethléem, et en traversant une partie du ravin qui s'étend au-dessous, le voyageur aperçoit bientôt la montagne de Sion.*	*En sortant*, etc... *la montagne de Sion*, etc. Cette construction est mauvaise ; le membre de phrase : *En sortant*, etc., semble se rapporter à la *montagne*, tandis qu'il se rapporte réellement au *voyageur* ; il faut donc construire autrement.
2. *Où l'on.*	La rencontre des mots *où on* forme un hiatus que l'on fait disparaître en mettant l'article *l'* avant *on*.
3. AU TRAVERS *des arbres.*	*Au travers de* suppose un obstacle ; *à travers* n'en suppose pas ; c'est, par conséquent, la première de ces deux locutions que réclame le sens de la phrase.
4. *A disparu.*	*Est disparue* marquerait l'*état*, c'est-à-dire le contraire de ce qu'on veut exprimer.
5. EST *restée.*	*A resté* indiquerait l'*action* ; or, c'est évidemment l'*état* qu'on veut exprimer ici ; c'est donc l'auxiliaire *être* qu'il faut employer.
6. *Sans éprouver.*	*Sans qu'il éprouve* est une tournure lourde et traînante : le mode infinitif est préférable au mode subjonctif, quand il n'y a pas d'équivoque.

V

LA RELIGION DES FRANCS

Chez les Francs, Dieu n'avait pas de nom; il n'avait pas *aussi* (1) de forme ni de temples; c'était au sein de la nature qu'ils allaient *l'évoquer* (2); ainsi par les merveilles de la terre et des cieux, la gratitude et l'admiration les conduisaient par degrés à la connaissance d'un Créateur qu'ils *imaginaient* (3) voir dans tout ce qui manifeste sa grandeur et sa bonté. Ils pensaient que les vieux arbres, les rochers *mousseux* (4), les ruisseaux murmurants étaient initiés à son pouvoir, et vous les eussiez vus s'incliner devant ces objets sacrés qu'ils considéraient comme des intermédiaires entre eux et la Divinité, comme des organes qui transmettaient sa volonté et ses oracles. Tout ce qui avait du mouvement renfermait, disaient-ils, une parcelle de la céleste intelligence, et nous ne cherchons pas à *imposer* (5) en affirmant que Dieu était pour eux l'ensemble de la nature animée; ils écoutaient sa voix dans la foudre, dans les aquilons et les torrents; les brises parfumées étaient son souffle divin; ils contemplaient sa gloire dans les rayons du soleil, dans la splendeur des météores et des astres qu'il a prodigués à la nuit. Pour eux, le reflet de son sourire se montrait à travers les nuages pourprés du matin, dans le limpide azur des fontaines et sur les gazons émaillés de fleurs. *Nous observerons* (6) même que les noirs hivers de leurs climats, loin de nuire à ce culte, venaient y joindre les grandes impressions du silence et du mystère. Quand la neige s'amoncelait et que les brouillards confondaient le ciel et la terre, derrière ces voiles nouveaux, Dieu semblait recueilli au fond de son sanctuaire pour y méditer des miracles, et *tout d'un coup* (7) il paraissait s'en élancer, lorsqu'un rayon, perçant la nue, faisait étinceler *les givres et glaçons* (8) suspendus aux branches des sapins, ou lorsque la première verdure du printemps venait réjouir les forêts.

—

CORRIGÉ RAISONNÉ

1. *Non plus.*	*Aussi* signifiant *pareillement*, ne s'emploie que dans le sens positif; dans le sens négatif, on se sert de *non plus*.
2. *Invoquer.*	*Évoquer* veut dire faire venir à soi, faire apparaître : Saül *évoqua* l'ombre de Samuel; *invoquer* signifie appeler à son secours, à son aide : *invoquer* Dieu, la loi, etc.; c'est donc *invoquer* qu'il convient d'employer dans cette phrase.
3. s'*imaginaient.*	Il ne faut pas confondre *imaginer*, qui signifie créer, inventer, avec *s'imaginer*, qui veut dire se figurer, se persuader, croire.
4. *Moussus.*	Il y a une grande différence entre *moussu* et *mousseux* : *moussu* veut dire qui est couvert de mousse : arbre *moussu* : *mousseux* signifie qui mousse : liqueur *mousseuse*, champagne *mousseux*. N. B. *Rose mousseuse* se dit abusivement pour *rose moussue*, d'une rose dont le calice et la tige sont garnis d'une espèce de mousse. (Acad.)
5. EN *imposer.*	Dans *en imposer*, le pronom *en*, qui est indéterminé, désigne quelque chose de désagréable, qu'on ne veut pas exprimer; c'est ainsi qu'on dit : il *en* fait accroire, il *en* conte, il *en* tient, etc. C'est un *euphémisme* (adoucissement d'expression). Il résulte de cela que *en imposer* se prend en mauvaise part et signifie *tromper, mentir*; tandis que *imposer*, sans le pronom *en*, signifie *imprimer du respect, de la considération*, etc.
6. *Nous* FERONS *même* OBSERVER.	*Observer* signifie *regarder avec attention*; et *faire observer* veut dire *faire remarquer*.

1.

7. *Tout à coup.*	*Tout à coup* veut dire *soudainement*; *tout d'un coup* signifie *tout en une fois*. Il faut donc se garder de confondre ces deux locutions adverbiales.
8. *Les givres et* LES *glaçons.*	L'article se répète avant chaque nom pris dans un sens déterminé.

VI

LA SOURCE DE LA SEINE

Près le village (1) de Saint-Germain-la-Feuille, non loin de Chanceaux, se trouve un étroit vallon formé par deux chaînes parallèles qui s'échappent des monts de la Côte-d'Or. C'est de l'une de ces chaînes *d'où* (2) jaillit un faible ruisseau qui descend rapidement la pente de la colline. Plus bas, un étang ou plutôt une mare l'arrête dans sa course et l'emprisonne un moment. *En grossissant, on le voit reprendre ses forces* (3); il se remet à couler, mais avec un peu moins de rapidité. Si la curiosité vous porte à le suivre dans ses méandres, il se passera peu d'heures sans que vous le *voyez* (4) s'enfler de plusieurs autres ruisseaux, et vous arriverez avec lui à un groupe de cinq *à* (5) six maisons : c'est le village de Courceaux, éloigné de trois *ou* (6) quatre kilomètres de sa source. Alors, ce filet d'eau rencontre pour la première fois un obstacle : c'est un petit pont qui sert de passage à la route de Paris à Dijon, et sous *qui* (7) il paraît plus humilié de courber la tête que le Rhône lui-même sous les arches du pont Saint-Esprit. C'est alors que, grossi par les pluies et devenu torrent, il se brise avec violence contre les cailloux *qui soutiennent et servent de piliers à cette chétive construction* (8). Cherchez quel peut être le nom et quelle sera la destinée de ce petit ruisseau. L'enseigne d'une méchante auberge va vous l'apprendre : AU PREMIER PONT DE LA SEINE. C'est, en effet, ce fleuve qui semble *vouloir se hâter d'aller arroser* (9) la capitale de la France, pour se précipiter ensuite dans la Manche par une embouchure aussi vaste *comme* (10) dangereuse ; c'est bien lui qui est là devant vous, lui que vous pourriez aisément enjamber et voir couler entre vos pieds.

—

CORRIGÉ RAISONNÉ

1. *Près du village.*	Dans le style soutenu, la préposition *près* doit toujours être suivie du mot *de*; dans le langage familier seulement, il est permis de supprimer cette préposition.
2. *Que.*	Les expressions *c'est de... d'où*, forment une périssologie, le même rapport d'origine étant exprimé deux fois : on corrige aisément cette faute en remplaçant *d'où* par la conjonction *que*, qui marque simplement que le second membre de phrase est subordonné au premier.
3. *En grossissant, il reprend ses forces.*	La phrase, telle qu'elle est construite dans le texte, présente une équivoque : le complément *en grossissant* semble se rapporter au sujet *on*, tandis que, en réalité, il se rapporte au *ruisseau*. La construction que nous donnons fait disparaître cette équivoque.
4. *Voyiez.*	La locution conjonctive *sans que* veut le verbe suivant au subjonctif; il faut d'ailleurs employer le premier temps de ce mode, parce qu'on veut exprimer un futur; au mode indicatif, on dirait : *Et vous verrez bientôt*, etc.
5. *Ou.*	Il faut *ou* et non *à*, parce que le mot *maison*, pris pour unité, n'est pas susceptible de division.
6. *À.*	Ici, on doit se servir de *à*, parce que le *kilomètre*, pris pour unité de mesure, est susceptible de division.
7. *Lequel.*	*Qui*, précédé d'une préposition, ne se dit que des personnes et des choses personnifiées.

8. *Qui servent de piliers à cette chétive construction et* LA *soutiennent.*	*Soutenir* veut un complément direct, et *servir* un complément indirect : il faut donner à chacun de ces verbes le complément qui lui convient.
9. *Qui se hâte d'aller arroser.*	*Vouloir se hâter d'aller arroser,* etc., quatre infinitifs de suite, compléments l'un de l'autre, forment une véritable cacophonie.
10. *Que.*	L'idée de comparaison étant déjà exprimée par *aussi, comme* forme une périssologie.

VII

L'HIRONDELLE

L'hirondelle *a choisi et s'est emparée sans façon de nos demeures* (1); elle s'est logée dans nos cheminées, sous nos toits, sous nos fenêtres même. Elle n'a aucune peur de nous; on ne dira pas qu'elle se fie à la vitesse de son aile, puisqu'elle ne craint pas *aussi* (2) de mettre son nid, ses enfants à notre portée. Voilà pourquoi elle est devenue la maîtresse de la maison. Le foyer est à elle; où la mère a niché, nichent la fille et la petite-fille; elles y reviennent chaque année dès que les froids SONT *disparus* (3), et que les rayons d'un soleil printanier les ont remplacés; leurs générations s'y succèdent plus régulièrement que les nôtres. Souvent une famille s'est éteinte ou dispersée; la maison EST *passée* (4) en d'autres mains : l'hirondelle y est toujours revenue, elle y a maintenu son droit d'occupation. C'est ainsi que cette aimable voyageuse s'est trouvée le symbole de la fixité du foyer. Elle y tient *si tellement* (5), que la maison réparée, démolie en partie, n'en est pas moins reprise et occupée par ces oiseaux fidèles et persévérants dans leurs souvenirs. Qui donc es-tu, petite hirondelle, qui toujours reviens à notre foyer? Ah! si tu es une âme, ***dis-moi-le*** (6) franchement, et dis-moi cet obstacle qui sépare les vivants des morts. Demain nous ne serons plus : nous sera-t-il donné de revenir à tire-d'aile revoir ce foyer, nos plus chères délices; de dire un mot encore, en langue d'hirondelle, à ceux qui ***se rappelleront de nous*** (7)?

—

CORRIGÉ RAISONNÉ

1. *A choisi nos demeures et s'*EN *est emparée sans façon.*	On dit CHOISIR *quelque chose* et S'EMPARER *de quelque chose :* il faut donc donner à chacun de ces verbes le complément qui lui convient.
2. *Non plus.*	*Aussi,* synonyme de *également,* ne s'emploie que dans un sens positif; dans un sens négatif, c'est de *non plus* qu'il faut se servir.
3. ONT *disparu.*	On veut marquer ici l'action, comme l'indique clairement la locution *dès que ;* c'est donc de l'auxiliaire *avoir* qu'il faut faire usage.
4. A *passé.*	Ici encore, c'est l'action qu'on veut exprimer, et, par conséquent, l'auxiliaire *avoir* qu'on doit employer.
5. *Tellement.*	L'expression *si tellement* est une périssologie, *si* et *tellement* exprimant chacun la même idée.
6. *Dis*-LE-MOI.	Quand un verbe à l'impératif a deux pronoms personnels pour compléments, le pronom complément direct se place le premier. *Dis-moi-le* est donc une construction vicieuse.
7. *Se souviendront de nous.*	SE RAPPELER DE *quelqu'un,* DE *quelque chose* n'est pas français : il faut dire SE RAPPELER *quelqu'un, quelque chose;* or, comme on ne peut pas dire : SE RAPPELLERONT *nous,* il faut remplacer *se rappelleront* par un synonyme, et dire, par exemple, *se souviendront de nous.* N. B. Suivi d'un infinitif, *se rappeler* s'emploie avec ou sans la préposition *de : je me rappelle l'avoir vu* ou DE *l'avoir vu.*

VIII

PIERRE L'ERMITE

Il appartenait à un simple pèlerin picard, qui ne tenait sa mission que de son zèle, de délivrer Jérusalem, dont les Turcs s'étaient emparés. Quelques historiens ont donné à Pierre l'Ermite une origine tout obscure; d'autres ont prétendu que la famille *d'où* (1) il descendait avait été *ennoblie* (2) par un de nos rois; tous se sont accordés à dire qu'il avait un extérieur grossier. Né avec un de ces esprits actifs et inquiets qu'on a presque toujours vus produire de grandes choses, il chercha vainement dans toutes les conditions de la vie la félicité qu'il avait rêvée. Le célibat, l'étude des lettres, le métier des armes même, ne lui avaient rien offert qui *puisse* (3) remplir son cœur, et *satisfaire suffisamment son âme* (4) tout ardente. Dégoûté du monde et des hommes au milieu desquels s'était passée sa jeunesse, il se retira parmi les cénobites les plus austères. Le jeûne, la prière, la méditation, le silence de la solitude *s'emparèrent et exaltèrent son imagination* (5). Dans ses visions, il entretenait un commerce habituel avec le ciel, et se croyait l'instrument de ses desseins, le dépositaire de ses volontés. Il était tout zèle, tout ardeur. Il n'était aucun obstacle dont son courage *s'effraye* (6), et tout ce qu'il désirait, quoi que ce pût être, lui paraissait facile à obtenir. Lorsqu'il parlait, les passions qui s'étaient partagé son âme animaient ses gestes et ses paroles, et se communiquaient à tous ceux qui étaient venus l'entendre; la force de son éloquence et la puissance de sa volonté triomphaient de tout. *Voici* (7) l'homme extraordinaire qui donna le signal des croisades, et qui, sans fortune et sans renommée, par la seule autorité que lui donnaient ses larmes et ses prières, parvint à ébranler l'Europe et à la précipiter tout entière sur l'Asie.

—

CORRIGÉ RAISONNÉ

1. *Dont.*	*Dont* et *d'où*, employés comme compléments des verbes qui expriment une idée d'*extraction*, de *sortie*, de *séparation*, ne doivent pas être pris l'un pour l'autre. On emploie *dont* pour exprimer une relation morale, l'idée *d'être issu*, *d'être né*. La maison *dont* je sors est illustre. *D'où* s'emploie pour exprimer la sortie d'un lieu, la séparation considérée sous un point de vue matériel : La maison *d'où* je sors est à vendre.
2. *Anoblie.*	Les verbes *anoblir* et *ennoblir* n'ont pas la même signification. *Anoblir* veut dire donner des titres de noblesse : Il n'y a que le souverain qui puisse *anoblir*. *Ennoblir* signifie donner de l'éclat, de la dignité : La vertu *ennoblit* la conduite.
3. *Pût.*	Le sens de la phrase est celui-ci : *Rien ne* POUVAIT *remplir son cœur;* c'est donc un imparfait qu'on veut exprimer, et, par conséquent, le 2e temps du subjonctif qu'il faut employer.
4. *Satisfaire son âme.*	L'idée de *suffisamment* se trouvant comprise implicitement dans *satisfaire* (*faire assez, faire suffisamment*), la réunion des mots *satisfaire suffisamment* forme une périssologie.
5. *S'emparèrent de son imagination et l'exaltèrent.*	On dit S'EMPARER DE *quelque chose* et EXALTER *quelque chose ;* il faut donc donner à chacun de ces verbes le complément qui lui convient.
6. *S'effrayât.*	On veut dire : *Son courage ne* S'EFFRAYAIT *de rien ;* c'est donc un imparfait qu'on veut exprimer, et, par conséquent, le 2e temps du subjonctif qu'il faut employer.

7. *Voilà.* On se sert de *voici* pour les choses que l'on va dire, et de *voilà* pour les choses que l'on vient de dire.

IX

DES PLANTES EXOTIQUES DE LA FRANCE

Il serait difficile d'énumérer toutes les plantes que nous avons tirées des autres contrées; les cinq parties du monde nous ont payé, chacune, *son* (1) tribut. Nulle part, peut-être, on ne voit réunies plus de productions *des climats chauds et froids* (2). L'angélique et le saule nain nous sont venus de la Laponie; la renoncule nous a été apportée des plaines de la Syrie; l'Inde nous a fourni le marronnier, vers seize cent; nous avons longtemps *porté envie* (3) à la tulipe de la Turquie, et nous possédons maintenant plus de neuf cents variétés de cette belle fleur. Nous *sommes allés* (4) chercher le saule pleureur aux environs de Babylone, l'acacia dans la Virginie, la pomme de terre au Pérou, la belle-de-nuit au Mexique, le thuya au Canada, l'héliotrope aux Cordillières, le tabac à Tabago, le réséda en Égypte, l'hémérocalle jaune en Sibérie, la tubéreuse dans l'île de Ceylan, le raifort en Chine, la rhubarbe en Tartarie. Enfin, nous *observerons* (5) à nos lecteurs que plusieurs plantes exotiques, entre autres les belles-de-nuit, trahissent même leur origine en s'épanouissant à des heures pendant lesquelles le soleil brille sur l'horizon de leur pays natal, tandis qu'il fait nuit chez nous. Quelques-unes, par un mouvement machinal, et pour ainsi dire d'habitude, *suivent et tournent avec le soleil* (6) comme dans leur propre patrie.

—

CORRIGÉ RAISONNÉ

1. *Leur*.	Il faut *leur*, parce qu'avant *chacun* la pensée n'est pas complétement énoncée ; ce qui suit ce mot est un complément nécessaire de ce qui le précède : *Les cinq parties du monde ont payé... leur tribut*. Le pronom *chacun* est employé comme une incise, et doit, ce nous semble, être placé entre deux virgules.
2. *Des climats chauds et des* CLIMATS *froids*.	La clarté exige la répétition du nom *climats*.
3. *Envié*.	*Envier* se dit le plus ordinairement des choses : *Il ne faut point* ENVIER *le bien d'autrui ; porter envie* se dit des personnes : *Le sage ne* PORTE ENVIE *à personne*.
4. *Avons été*.	*Avons été... sommes allés :* la première de ces deux expressions suppose retour au lieu d'où l'on est parti ; la seconde ne le suppose pas.
5. *Ferons observer*.	*Observer* signifie considérer, remarquer ; dans le sens de faire remarquer quelque chose à quelqu'un, ce n'est pas, par conséquent, *observer*, mais *faire observer* qu'on doit employer.
6. *Suivent le soleil et tournent avec* LUI.	On dit *suivre* quelqu'un ou quelque chose, et *tourner* autour de quelqu'un ou de quelque chose : il faut donc donner à chacun de ces verbes le complément qui lui convient.

———

X

LA VIE HUMAINE

La vie humaine est pleine de courtes joies, de longues douleurs et de liaisons *fragiles et passagères qui, on ne les a pas plutôt commencées, que déjà il faut les rompre* (1). Par une étrange fatalité, qui, sans doute, ne vous EST pas *échappée* (2), ces liaisons ne sont jamais faites à l'heure où elles pourraient être durables : on rencontre l'ami avec qui l'on *aimerait* (3) passer le peu de jours qui nous restent, au moment où le sort va le fixer loin de nous; on découvre le cœur que l'on cherchait, la veille du jour où ce cœur va cesser de battre. Mille accidents agitent pendant la vie les hommes qui s'aiment; mille obstacles les séparent *les uns les autres* (4); puis vient cette séparation de la mort, qui arrive toujours plus tôt qu'on ne l'avait pensé, et qui renverse tous les projets que l'on avait formés. On peut *comparer* la vie *avec* (5) un port de mer *où l'on voit entrer et sortir* (6) des hommes de tous les langages et de tous les pays. Le rivage résonne des cris de ceux qui arrivent et de ceux qui partent; les uns versent des larmes de joie en retrouvant des amis qu'ils n'avaient pas vus depuis longtemps; les autres, en se quittant, se disent *un triste et un éternel adieu* (7); car, une fois sorti du port de la vie, on n'y rentre plus.

—

CORRIGÉ RAISONNÉ

1. *Fragiles et passagères; ces liaisons, on ne les a pas, etc.*	Il faut supprimer *qui*; ce pronom s'annonce comme sujet et se trouve ne pas avoir de verbe; or, pour qu'une phrase soit régulièrement construite, il faut, comme on le sait, qu'il y ait autant de verbes à un mode personnel, exprimés ou sous-entendus, qu'il y a de sujets, et réciproquement.
2. A *pas échappé.*	*Echapper*, dans le sens de *n'être pas remarqué*, se conjugue avec *avoir*.
3. *Aimerait* À *passer.*	*Aimer*, signifiant *prendre plaisir à*, veut

l'infinitif, qui lui sert de complément direct, précédé de la préposition *à :*

J'*aime* À voir aux lapins cette chair molle et blanche. BOILEAU.

4. *Les uns* DES *autres.* — *Mille obstacles*... Ces sortes de constructions sont elliptiques ; en rétablissant les mots sous-entendus, on aurait : *mille obstacles les séparent, ces obstacles séparent les uns* DES *autres.* L'emploi de *les uns les autres* au lieu de *les uns* DES *autres* serait donc vicieux.

5. COMPARER *la vie* À. — *Comparer* À se dit quand les deux objets comparés ont quelques points de ressemblance :

COMPARONS *les œuvres de la nature* AUX *œuvres de Dieu.*

COMPARER AVEC se dit lorsque les deux objets n'ont aucune analogie :

On ne peut COMPARER *le vice* AVEC *la vertu.*

6. *Où l'on voit entrer et* D'OÙ *l'on voit sortir.* — On dit *entrer dans* et *sortir de.* Il faut donner à chacun de ces deux verbes un complément particulier.

7. *Un triste et éternel adieu.* — Ici les deux adjectifs *triste* et *éternel* qualifiant le même nom *adieu,* on ne répète pas le déterminatif *un* avant le second.

XI

LE CHEVAL

Une des plus nobles conquêtes que l'homme ait jamais faites, est celle de *ce fier et de ce fougueux animal* (1), qui partage avec lui les fatigues de la guerre et la gloire des combats. D'une intrépidité aussi grande que *son maître* (2), le cheval *voit et se rit du péril* (3) ; *il cherche et se fait au bruit des armes* (4). Comme son maître, il aime *la course et à chasser* (5). Mais docile autant que courageux, il ne se laisse point emporter à son feu ; il sait réprimer ses mouvements ; il fléchit *non-seule-*

ment (6) sous la main de celui qui le guide, mais il semble consulter ses désirs ; et, obéissant toujours aux impressions qu'il a reçues, il se précipite, se modère ou s'arrête, et n'agit que pour les satisfaire. C'est une créature *qui oublie et renonce à son être* (7) pour n'exister que par la volonté d'un autre ; qui sait même la prévenir ; qui, par la promptitude et la précision de ses mouvements, *l'exprime et exécute* (8) ; qui sent autant qu'on le désire, et ne rend qu'autant qu'on veut ; qui, se livrant sans aucune réserve, ne se refuse à rien, sert de toutes les forces que lui a données la nature, s'excède et même meurt pour mieux obéir.

—

CORRIGÉ RAISONNÉ

1. *Ce fier et fougueux animal.*	Il ne s'agit ici que d'un seul animal, qui est tout à la fois *fier* et *fougueux ;* il faut donc supprimer *de ce ;* autrement, on croirait qu'on parle de deux animaux différents.
2. *Aussi grande que* CELLE *de son maître.*	On ne peut comparer que des choses de même espèce ; or, c'est l'*intrépidité* du cheval et l'*intrépidité* de son maître que l'on compare ici ; la construction donnée est donc mauvaise ; on la corrige facilement au moyen du pronom démonstratif *celle,* qui rappelle l'idée d'*intrépidité.*
3. *Voit le péril et* S'EN *rit.*	On dit : VOIR *quelque chose* et SE RIRE DE *quelque chose ;* il faut donner à chacun de ces verbes le complément qui lui convient.
4. *Il se fait au bruit des armes et* LE *cherche.*	On dit : SE FAIRE À *quelque chose* et CHERCHER *quelque chose ;* chacun de ces verbes demande donc un complément particulier.
5. *Il aime la* COURSE *et la* CHASSE.	On ne peut pas dire : *il aime la course et à chasser,* parce que la conjonction *et* ne peut joindre ensemble que des propositions semblables ou des termes semblables d'une même proposition ; il faut dire : *il aime la* COURSE et *la* CHASSE, ou bien : *il aime à* COURIR *et à* CHASSER.
6. NON-SEULEMENT *il fléchit.*	La locution *non-seulement* doit toujours précéder immédiatement le mot auquel elle

	se rapporte par le sens. On ne peut pas dire : *il fléchit* NON-SEULEMENT *sous la main,* etc., *mais il semble consulter ses désirs*, parce que, dans cette phrase, NON-SEULEMENT se rapporte à *fléchir* et non à *main*.
7. *Qui oublie son être et* Y *renonce.*	*Oublier* veut un complément direct, et *renoncer* un complément indirect précédé de la préposition *à* : il faut donner à chacun de ces verbes le complément qui lui convient.
8. *L'exprime et* L'*exécute.*	La clarté exige que le pronom personnel complément soit répété avant chaque verbe.

XII

LES MISSIONNAIRES DU PARAGUAY

Quand les missionnaires se furent fait quelques prosélytes parmi les Indiens de l'Amérique méridionale, *et qu'ils se les eurent attachés* (1), *voilà* (2) le singulier moyen auquel ils eurent recours pour gagner des âmes. Ils avaient remarqué que les sauvages de ces bords *recherchaient et étaient fort sensibles à la musique* (3); les voyageurs se sont même laissé dire que les eaux du Paraguay rendent la voix plus belle. Les missionnaires s'embarquèrent donc *dans des grossières pirogues* (4) avec les nouveaux catéchumènes; ils remontèrent les fleuves en chantant des hymnes que leur avait inspirées l'ardent amour de la religion. Les néophytes répétaient les airs qu'ils avaient entendus, comme des oiseaux privés chantent pour attirer dans les rets les oiseaux sauvages que l'oiseleur s'est proposé de prendre. Les Indiens ne manquèrent pas de venir se prendre au doux piége. Vous les eussiez vus descendre *tout d'un coup* (5) de leurs montagnes et accourir au bord des fleuves pour mieux écouter ces accents que leur envoyaient les échos;

plusieurs d'entre eux se jetaient dans les ondes, *quelle que fût leur profondeur* (6), et suivaient à la nage la nacelle enchantée. L'arc et la flèche échappaient à la main du sauvage ; l'avant-goût des vertus sociales et les premières douceurs de l'humanité entraient dans son âme toute confuse et tout étonnée ; il voyait sa femme et son enfant qui pleuraient d'une joie inconnue ; bientôt, subjugué par un attrait irrésistible, il tombait au pied de la croix, *et mêlait un torrent de larmes avec les eaux régénératrices* (7) qui coulaient sur sa tête. Ainsi, la religion réalisait dans les forêts de l'Amérique ce que la fable raconte des Amphion et des Orphée.

CORRIGÉ RAISONNÉ

1. *Et qu'ils se les* FURENT *attachés.*	*Attacher* est employé ici comme verbe accidentellement réfléchi ; il doit, par conséquent, être conjugué avec *être*.
2. *Voici.*	*Voici* annonce ce que l'on va dire ; *voilà* indique ce que l'on vient de dire : dans la phrase donnée, *voilà* est donc mal employé.
3. *Recherchaient la musique et* Y *étaient fort sensibles.*	On dit : RECHERCHER *quelque chose*, et ÊTRE SENSIBLE À *quelque chose*. Il faut donner à chacun des mots *rechercher* et *sensible* le complément qui lui est propre.
4. *Dans* DE *grossières pirogues.*	Il faut dire : *dans* DE *grossières pirogues*, et non *dans* DES *grossières pirogues*, parce que le nom *pirogues* est pris dans un sens *partitif* et précédé d'un adjectif qualificatif. Dans ce cas, *de* signifie *quelques*.
5. *Tout à coup.*	Il ne faut pas confondre *tout à coup*, qui signifie *subitement*, et *tout d'un coup*, qui veut dire *tout en une fois* ; c'est évidemment la première de ces deux locutions qui convient ici.
6. *Quelle qu'*EN *fût* LA *profondeur.*	On ne peut pas dire : *quelle que fût* LEUR *profondeur*, parce que l'adjectif possessif *leur*, pour être bien employé, doit toujours être en rapport avec le sujet de la proposition

où il se trouve. Or, la *profondeur* de quoi? — *Des eaux*. Le mot *eaux* n'est pas le sujet de *fût*; l'emploi de *leur* est donc vicieux. On corrige en mettant le pronom *en* avant le verbe et en remplaçant l'adjectif possessif *leur* par l'article : *Quelle qu'*EN *fût* la profondeur.

7. *Et mêlait des torrents de larmes* AUX *eaux régénératrices.*

Il faut se garder de confondre *mêler avec* et *mêler à*.

Mêler avec signifie mettre ensemble plusieurs choses et les confondre; *mêler à* se dit des choses morales, et signifie *joindre, unir*. (Acad.)

XIII

PARIS

J'aime Paris; après la campagne, et une campagne à ma guise, je préfère Paris à toutes les villes que j'ai vues. J'aime Paris non-seulement *à cause qu'* (1) il est dans un heureux site, non-seulement parce que toutes les commodités de la vie s'y trouvent rassemblées, mais parce que c'est *là où* (2) viennent se perdre et s'anéantir toutes les ambitions, tous les préjugés que les provinces ont vus naître. Là, il est permis *à chaque* (3) de mener une vie obscure et libre; là, *on peut être pauvre sans qu'on vous méprise* (4); il est rare, d'ailleurs, que l'homme affligé ne s'y distraie pas de la gaieté publique, et que le faible ne s'y fortifie pas des forces de la multitude. Je me suis longtemps figuré que Paris était trop grand; mais, après avoir minutieusement pesé les raisons *contre et en faveur de cette vaste étendue* (5), je suis revenu de mon erreur. Nos ancêtres eux-mêmes ne s'étaient-ils pas proposé d'en faire la capitale de l'Europe? Voyez plutôt les traces de ce projet aux noms que portent la plupart de leurs établissements : Collége des Écossais, des Irlandais, des Quatre-Nations. Voyez ce grand monument de Notre-Dame, bâti il y a près de six cents ans, dans un temps où Paris n'avait pas la dixième partie *d'habitants* (6) qu'il renferme aujourd'hui : il est plus vaste et plus majestueux que tous ceux de ce genre qu'on y a élevés depuis. Plût à Dieu que notre capitale *soit* (7) celle de l'Europe tout entière, et que, comme des hommes de toutes les nations y apportent le tribut de leur travail, de leur industrie et de leur savoir-faire, elle leur *donne* (8), en récompense, la fortune et les jouissances qu'ils ont espéré y trouver !

—

CORRIGÉ RAISONNÉ

1. PARCE QU'*il est.*	*A cause que* est une locution tombée en désuétude ; elle était très-usitée au dix-septième siècle ; on la trouve même dans quelques écrivains du dix-huitième ; aujourd'hui on dit *parce que.*
2. *Là* QUE.	Les mots *là où* forment une périssologie, l'idée de lieu étant exprimée deux fois. On corrige facilement cette faute en remplaçant *où* par *que.*
3. *Chacun.*	Les mots *chaque* et *chacun* ne s'emploient pas indifféremment : *chaque* est adjectif et se joint au nom ; *chacun* le remplace.
4. *On peut être pauvre sans être méprisé.*	ON *peut être pauvre sans qu'*ON *vous méprise.* Cette construction est vicieuse, parce que les deux *on* sont en rapports divergents, le premier désignant celui qui est pauvre, et le second celui qui méprise. Cette construction jette de l'obcurité dans l'expression.
5. POUR *et contre cette vaste étendue.*	*Contre* ne veut être suivi d'aucune préposition ; *en faveur,* au contraire, veut la préposition *de ;* il faut donc, pour être correct, changer cette manière de s'exprimer, et dire, par exemple : POUR *et* CONTRE *cette vaste étendue.*
6. DES *habitants.*	Le sens du nom *habitants* est déterminé par la proposition *qu'il renferme aujourd'hui ;*

ce nom doit, par conséquent, être précédé de l'article.

7. *Fût.* — *Notre capitale* SERAIT *celle de l'Europe tout entière, si mes vœux étaient exaucés.* Voilà évidemment ce qu'on veut dire ici; le verbe de la proposition subordonnée exprime un conditionnel simple; c'est donc le 2ᵉ temps du subjonctif qu'il faut employer.

8. *Donnât.* — *Donnât* est ici pour *donnerait;* c'est donc encore le 2ᵉ temps du subjonctif qu'il convient d'employer.

XIV

SAINT AMBROISE

Saint Ambroise, évêque de Milan, est un des plus grands hommes que l'Église ait produits au quatrième siècle. Bien que la plupart des écrits qu'il nous a laissés aient été inspirés par les devoirs de son ministère et par les événements publics; *malgré qu'* (1) il n'ait pas possédé la science et l'art qu'ont eus plusieurs autres Pères de l'*église grecque et latine* (2), ses contemporains, la renommée que lui a value son éloquence et l'autorité qu'il a exercée sur les âmes n'ont pas été moindres. Son talent était agrandi par sa vertu; et sa parole avait un attrait, un charme qu'a vanté saint Augustin. En réalité, son éloquence n'a pas été aussi grande *que saint Jérôme* (3), mêlant à la pureté du langage romain les hardiesses hébraïques et les beautés originales d'une âme solitaire; il n'a pas été un philosophe, un métaphysicien religieux; il n'a pas, comme saint Augustin, embrassé *d'un facile et d'un infatigable génie* (4) la science presque entière de son temps, et il ne l'a pas ramenée à l'idéal chrétien; il n'a pas eu cette énergie de pensée qui, plus d'un siècle *avant* (5), s'était alliée dans Tertullien à une barbarie de diction hâtée par la rudesse africaine ; il n'a pas eu cette simplicité magnanime et cette négligence austère que saint Cyprien a laissées dans tous ses discours. Sa puissance de parole est tout autre, sa grâce est toute différente : c'est d'une âme vive et tendre et d'un fonds inépuisable de charité *d'où* (6) elles proviennent. Chez lui, la sensibilité vraie a répandu *tout partout* (7) l'intérêt et le pathétique.

—

CORRIGÉ RAISONNÉ

1. QUOIQU'*il n'ait pas possédé.*	*Malgré que* n'est plus d'usage qu'avec le verbe *avoir*, précédé de *en*. En effet, *malgré que* veut dire *mauvais gré que, quelque mauvais gré que ;* ainsi, *malgré que j'en aie, malgré que j'en eusse,* veut dire *mauvais gré que j'en aie, quelque mauvais gré que j'en eusse ;* construction qui ne peut avoir lieu qu'avec le verbe *avoir*. *Malgré qu'il n'ait pas possédé* ne peut donc pas se dire. Il faut remplacer *malgré que* par *quoique, bien que,* et dire : *quoiqu'il n'ait pas possédé, bien qu'il n'ait pas possédé.*
2. *L'église grecque et* L'ÉGLISE *latine.*	*L'église grecque et latine* signifierait qu'on ne parle que d'une seule église ; et comme il s'agit évidemment de deux églises différentes, il faut répéter l'article avant le dernier adjectif et dire : *l'église grecque et* LA *latine,* ou mieux, en répétant le nom : *l'église grecque et* L'ÉGLISE *latine.*
3. *Que* CELLE *de saint Jérôme.*	C'est ainsi qu'il faut s'exprimer. En effet, on ne peut comparer entre elles que des choses de même espèce ; or, on compare ici *l'éloquence* de saint Ambroise et *l'éloquence* de saint Jérôme.
4. *D'un facile et infatigable génie.*	Il faut supprimer *d'un*, car il ne s'agit que d'un seul génie, qui est tout à la fois *facile* et *infatigable.*
5. *Auparavant.*	*Avant* étant une préposition, doit toujours être suivi du second terme du rapport que ce mot établit : *J'irai* AVANT *ce temps ; j'arrive-*

raf AVANT *vous*. Cette préposition ne peut donc pas s'employer pour *auparavant*, qui est un adverbe, et qui, par conséquent, a un sens complet par lui-même.

6. *Que.* — *D'où* forme une périssologie, le même rapport, celui d'origine, étant exprimé deux fois.

7. *Partout.* — *Tout partout* est une périssologie, *tout* étant compris dans *partout*.

XV

LE DIAMANT ET LA GOUTTE DE ROSÉE

Le roi Salomon, *promenant* (1) un matin dans ses jardins, déposa son diadème sur le gazon. Le plus beau diamant de cette couronne, étincelant comme une étoile, diaphane comme l'onde la plus pure, se trouva près d'une goutte de rosée qui s'épanchait *extrêmement lentement* (2) du bout d'une branche sur un brin d'herbe qu'avaient déjà fané les rayons du soleil. « Quelle insigne folie, lui dit le diamant, de vous épuiser ainsi pour une plante qui ne peut revenir à la vie qu'en vous réduisant au néant ! Restez sur votre branche, où vous *y* (3) brillerez comme une pierre précieuse. — Dieu m'a créée, répondit la goutte de rosée, pour rafraîchir et non pour me faire admirer, et j'aime mieux me rendre utile que de resplendir un instant. » La goutte bienfaisante ne *décessa* (4) de s'épancher sur le brin d'herbe, et parvint à le ranimer par son agréable fraîcheur ; puis, comme le diamant le lui avait *prédit d'avance* (5), elle finit par s'épuiser et disparut totalement ; mais il ne faut pas *imaginer* (6) qu'elle fut anéantie pour cela : sa partie la plus subtile, transformée en gaz léger, s'éleva vers le séjour céleste et vint se condenser aux pieds de l'Éternel; au lieu que le diamant, qu'enorgueillissaient ses feux, ne put jamais briller autre part que sur la terre.

L'égoïste peut se procurer ses aises dans ce monde, mais ce n'est *seulement* (7) qu'aux dépens de son bonheur à venir; et si l'homme bienfaisant est quelquefois victime du son dévouement généreux, il est certain d'en recevoir la récompense dans l'autre vie.

—

CORRIGÉ RAISONNÉ

1. SE *promenant.*	*Promenant* est employé ici comme verbe accidentellement réfléchi, et doit, par conséquent, être précédé du pronom complément *se* : SE *promenant.*
2. TRÈS-*lentement.*	L'euphonie veut qu'on évite de mettre à la suite l'un de l'autre deux adverbes terminés par *ment*. Il faut remplacer le premier par un des adverbes *très, bien, fort,* etc.
3. *Où vous brillerez.*	Dans la phrase donnée, le mot *y* forme une périssologie, l'idée de lieu étant exprimée deux fois.
4. *Cessa.*	*Décessa* est un barbarisme.
5. *Lui avait prédit.*	*Prédit d'avance* est une périssologie, *prédire* signifiant *dire d'avance.*
6. *S'imaginer.*	Il ne faut pas confondre *imaginer* et *s'imaginer.* IMAGINER signifie *créer, inventer,* et a toujours un nom de chose pour complément direct : *Celui qui* IMAGINA *les premiers caractères de l'alphabet a bien des droits à la reconnaissance du genre humain.* S'IMAGINER signifie *croire,* et a toujours pour complément direct une proposition subordonnée ou un infinitif exprimé ou représenté par le pronom *le* : *on* S'IMAGINE toujours qu'on a plus de mérite et de perfection qu'on n'en a eu effet.
7. *Ce n'est qu'aux dépens.*	*Ne... que* et *seulement* forment une périssologie : il faut supprimer *seulement.*

XVI

UNE PREUVE PHYSIQUE DE L'EXISTENCE DE DIEU

Que dirait-on d'un homme qui se piquerait d'avoir un jugement sain, et qui, en entrant dans une maison, soutiendrait que c'est le hasard qui l'a construite, et que l'industrie n'y a rien mis *pour rendre* SON *usage commode aux hommes* (1), parce qu'il y a des cavernes qui ressemblent en quelque sorte à cette maison, et que l'art des hommes n'a jamais creusées? On montrerait à celui qui raisonnerait de la sorte toutes les parties de cette maison. « Voyez-vous, lui dirait-on, cette grande porte de la cour? Elle est plus grande que toutes les autres, afin que les voitures puissent y entrer. Cette cour est assez spacieuse *pour faire tourner les voitures* (2) avant qu'elles sortent. Cet escalier est composé de marches basses, afin qu'on puisse *monter en haut* (3) sans efforts; il tourne suivant les appartements et les étages pour lesquels il doit servir. Les fenêtres, ouvertes de distance en distance, éclairent tout le bâtiment; elles sont vitrées, *de peur que le vent entre* (4); on peut les ouvrir quand on veut, et *elles sont assez grandes pour respirer* (5) un air doux dans la belle saison. Le toit est fait pour défendre tout le bâtiment des injures de l'air. La charpente est en pointe, afin que la pluie et la neige s'y écoulent facilement des deux côtés. Les divers planchers des étages servent à multiplier les logements dans un petit espace. *Les cheminées sont faites pour allumer* (6) du feu en hiver sans brûler la maison et *pour faire exhaler la fumée* (7). On y voit des cuisines avec des *léviers* (8) pour l'écoulement des eaux sales, et des fontaines *en pierre de lierre* (9) pour la conservation de l'eau pure; enfin, *des clefs sont après toutes les portes* (10). » Que penserait-on de ce bizarre philosophe? On rirait de lui. Mais pourquoi rirait-on moins d'entendre dire que le monde s'est fait de lui-même, comme cette maison fabuleuse? Non, le monde ne s'est pas fait de lui-même : celui qui l'a fait, c'est Dieu.

—

CORRIGÉ RAISONNÉ

1. *Pour* EN *rendre* L'*usage commode aux hommes.*

Pour rendre SON *usage commode : l'usage* de quoi? De la *maison*. Le mot *maison* n'étant pas sujet de la proposition dans laquelle se trouve *son*, cet adjectif est mal employé; on croirait que c'est l'usage de l'industrie. Il faut remplacer *son* par l'article, et mettre le pronom EN avant le verbe : *pour* EN *rendre* L'*usage commode.*

2. *Pour qu'*ON Y FASSE *tourner les voitures.*

Pour faire tourner les voitures. On dirait que c'est la cour qui fait tourner les voitures. On fait disparaître toute équivoque en remplaçant l'infinitif par un mode personnel, parce qu'alors on sait clairement par qui l'action est faite.

3. *Monter sans efforts.*

Monter EN HAUT. Ici, EN HAUT forme une véritable périssologie.

L'Académie autorise, dans certains cas, les expressions *monter* EN HAUT, *descendre* EN BAS. Par exemple, un homme dont les appartements sont partie dans le bas de la maison et partie dans le haut, dira fort bien à ses gens, s'il est au rez-de-chaussée : *Montez* EN HAUT; et, s'il est en haut : *Descendez* EN BAS; c'est-à-dire, *montez* dans les appartements que j'ai *en haut*, *descendez* dans les appartements que j'ai *en bas* : c'est une ellipse.

4. *De peur que le vent* N'*entre.*

Après la locution *de peur que*, le verbe de la proposition subordonnée doit toujours être précédé de la négation *ne*.

5. *Elles sont assez grandes pour qu'*ON RESPIRE.

6. *Les cheminées sont faites pour qu'*ON Y ALLUME *du feu.*

7. *Pour que la* FUMÉE PUISSE *s'exhaler.*

Pour la correction de ces trois parties de phrases, voyez le nº 2 de cette dictée.

8. *Éviers.*	Un *évier* (du celtique *ew*, eau) est une pierre en forme de table, et légèrement creusée, sur laquelle on lave la vaisselle, et qui a un trou pour l'écoulement des eaux. Beaucoup de personnes, quoique parlant assez bien leur langue, disent un *lévier*, et c'est une rareté de les entendre dire un *évier*, qui est le terme propre.
9. *En* LIAIS.	*Pierre de lierre* n'est pas français. On appelle LIAIS une sorte de pierre calcaire dure, d'un grain très-fin, et dont on fait des fontaines pour les cuisines.
10. *Des clefs sont* À *toutes les portes.*	C'est une faute triviale d'employer, dans ce cas, *après* pour *à*.

XVII

UNE IMPRUDENCE

Je commis un jour, à la cataracte du Niagara, une imprudence *dont je me rappellerai* (1) toute ma vie, et que je faillis payer bien cher. L'échelle indienne qui s'y trouvait jadis étant rompue, je voulus, quelques justes représentations que me *fasse* (2) mon guide, me rendre au bas de la chute par un rocher à pic d'environ quatre-vingts mètres. Je m'aventurai par cette descente, beaucoup plus dangereuse que je ne l'avais cru d'abord. Malgré les rugissements de la cataracte et la profondeur de l'abîme qui bouillonnait au-dessous de moi avec une force, une impétuosité effrayante, je parvins à une quinzaine de mètres du fond. Mais la roche lisse et à plan vertical n'offrait plus ni racines ni fentes où je *puisse* (3) *me reposer mes pieds* (4). Je demeurai suspendu par la main de toute ma longueur, sans que je *puisse* (5) remonter ni descendre, sentant mes doigts s'ouvrir peu à peu de lassitude sous le poids de mon corps, me voyant *prêt à* (6) périr. Il y a peu d'hommes qui *ont passé* (7) dans leur vie deux minutes comme je les comptai alors, suspendu sur le gouffre du Niagara. Enfin mes mains s'ouvrirent, et je tombai. Par le bonheur le plus inouï, je me trouvai sur un roc vif, où j'aurais dû me briser mille fois, et cependant je ne me sentais pas grand mal; j'étais à un demi-mètre de l'abîme et je n'y avais pas roulé; mais lorsque la fraîcheur de l'eau *commença à me pénétrer mes membres* (8), je m'aperçus que je n'en étais pas quitte à aussi bon marché *comme* (9) je l'avais cru d'abord. Je sentis une douleur insupportable : *je m'étais cassé ma jambe gauche* (10) au-dessus du *coude-pied* (11). Mon guide, qui me regardait d'en haut et auquel je fis signe, courut chercher quelques sauvages, qui, avec beaucoup de peine; me remontèrent avec des cordes de bouleau et me transportèrent chez eux.

—

CORRIGÉ RAISONNÉ

1. QUE *je me rappellerai.*	RAPPELER veut dire *appeler de nouveau ;* SE RAPPELER signifie donc littéralement *appeler de nouveau à soi, faire revenir dans son esprit.* La chose que l'on appelle est donc complément direct. Il faut donc, dans la phrase donnée, remplacer le premier complément indirect *dont* par le premier complément direct *que*.
2. *Fît.*	Au mode indicatif, on dirait : *Mon guide me* FAISAIT *des représentations ;* c'est donc un imparfait qu'on veut exprimer, et, par conséquent, le 2e temps du subjonctif qu'il faut employer.
3. *Où je* PUSSE.	*Je ne* POUVAIS, etc., imparfait; par conséquent, 2e temps du subjonctif.
4. *Reposer* MES *pieds.*	Le rapport de possession étant exprimé deux fois, d'abord par *me,* ensuite par *mes,* il y a

	périssologie. Il suffit de dire : ME *reposer les pieds*, ou mieux : *reposer* MES *pieds*.
5. *Pusse.*	*Je ne* POUVAIS *remonter*, imparfait ; par conséquent, 2e temps du subjonctif.
6. *Près de.*	Il ne faut pas confondre *près de*, qui veut dire *sur le point de*, et *prêt à*, qui signifie *préparé à, disposé à : on peut être* PRÈS DE *mourir, et ne pas être* PRÊT À *mourir.*
7. *Aient passé.*	*Peu d'hommes* ONT PASSÉ, etc., passé indéfini ; par conséquent, 3e temps du subjonctif.
8. *Commença à pénétrer* MES *membres.*	*Commença* à ME *pénétrer* MES *membres : me, mes,* forment une périssologie.
9. *Que.*	L'idée de comparaison étant déjà exprimée par *aussi*, ne doit pas l'être une seconde fois par *comme :* il y aurait périssologie.
10. *Je m'étais cassé* LA *jambe gauche.*	Il faut remplacer *ma* par *la; ma* formerait une périssologie, le rapport de possession étant suffisamment marqué par le sens de la phrase.
11. *Cou-de-pied.*	Le *cou-de-pied* est la partie supérieure du pied, près de son articulation avec la jambe; c'est par abus, dit l'Académie, que quelques personnes écrivent *coude-pied.*

XVIII

MODESTIE DE SAINT FLAVIEN

Les habitants d'Antioche s'étaient soulevés *à cause qu'* (1) on avait augmenté les impôts ; ils s'étaient même laissé emporter par leur mécontentement jusqu'à traîner dans les rues, au milieu des insultes, les statues de Théodose et de sa femme, princesse adorée, que la mort lui avait enlevée tout récemment. Saint Flavien empêcha par ses prières éloquentes que la ville dont il était le pasteur ne *ressente* (2) les effets de la vengeance de l'empereur, qui voulut que le pieux évêque *aille* (3) lui-même annoncer aux habitants de la ville coupable le pardon généreux qu'il leur avait accordé. Quoiqu'il *pouvait* (4) se glorifier à juste titre du service qu'il avait rendu, Flavien ne s'attribua nullement le succès de sa démarche; et quand on lui demanda comment il avait fait pour apaiser l'empereur : « Je n'ai rien fait, répondit-il ; c'est à Dieu *à qui* (5) il faut rapporter le succès de ma démarche; c'est Dieu qui lui a attendri le cœur; il s'est apaisé de lui-même, avant que j'*ouvre* (6) la bouche pour parler. »

—

CORRIGÉ RAISONNÉ

1. PARCE QU'*on avait augmenté.*	*A cause que* est une locution tombée en désuétude : aujourd'hui, on dit *parce que.*
2. *Ressentît.*	Grâce à saint Flavien, la ville ne *ressentirait* pas les effets de la vengeance de l'empereur : c'est un futur conditionnel qu'on veut exprimer, et, par conséquent, le 2e temps du subjonctif qu'il faut employer.
3. *Allât.*	Le pieux évêque *irait* lui-même annoncer, etc. : *conditionnel futur*, et, par conséquent, 2e temps du subjonctif.
4. *Pût.*	Après *quoique*, le verbe de la proposition subordonnée se met toujours au subjonctif; de plus, il faut employer le 2e temps de ce mode, parce qu'on veut exprimer un imparfait.
5. Qu'*il faut.*	Il faut rapporter le succès de ma démarche *À Dieu À qui...* : périssologie, la préposition *à* étant énoncée deux fois pour n'exprimer qu'un seul et même rapport. Il faut remplacer *à qui* par *que.*
6. *J'eusse ouvert.*	Le sens de la phrase est celui-ci : je n'*avais* pas *ouvert* la bouche pour parler, que déjà, etc.: c'est donc un plus-que-parfait qu'on veut exprimer ici, et, par conséquent, le 4e temps du subjonctif qu'il convient d'employer.

XIX

LES NIDS DES OISEAUX

L'univers est un admirable tableau qui, plus on l'examine, plus on retrouve la sagesse (1) de celui qui l'a dessiné. Ainsi, par exemple, une providence qu'on n'a pas assez remarquée éclate dans les nids des oiseaux. *Aussitôt* (2) les arbres en fleurs, mille ouvriers commencent leurs travaux. Ceux-ci portent dans le trou de quelque vieux mur de longues pailles qu'ils ont recueillies dans les champs; ceux-là maçonnent avec un art, une solidité merveilleuse, des bâtiments aux fenêtres d'une église; d'autres dérobent un crin à une cavale ou le brin de laine que la brebis a laissé suspendu à la ronce. Il y a des bûcherons qui croisent des branches dans la cime d'un arbre; il y a des filandières que j'ai vues recueillir la soie sur un chardon. Mille palais s'élèvent, et ces palais forment *chaque* (3) un nid; ce nid offre des métamorphoses charmantes; un œuf brillant, ensuite un petit couvert de duvet. Ce nourrisson se revêt de plumes; sa mère lui apprend à se soulever sur sa couche. Bientôt, il va jusqu'à se pencher sur le bord de son berceau, et c'est de là *d'où* (4) il jette un premier coup d'œil sur la nature. Effrayé et ravi, il se précipite *entre* (5) ses frères qui n'ont point encore vu ce spectacle; rappelé par la voix de ses parents, il sort une seconde fois de sa couche; et ce jeune roi des airs, qui porte encore la couronne de l'enfance *alentour* (6) de sa tête, ose déjà contempler le vaste ciel, la cime ondoyante des pins, et les abîmes de verdure au-dessous du chêne paternel. Et pourtant, tandis que les forêts se réjouissent en recevant leur nouvel hôte, un vieil oiseau, qui se sent abandonné de ses ailes, vient s'abattre *auprès de* (7) quelque courant d'eau. C'est là *où* (8), solitaire et résigné, il attend tranquillement la mort, au bord du même fleuve où il chanta ses plaisirs, et dont les arbres portent encore son nid et sa postérité harmonieuse.

—

CORRIGÉ RAISONNÉ

1. *L'univers est un admirable tableau : plus on l'examine, etc.*	Il faut supprimer *qui;* ce mot s'annonce comme sujet et se trouve ne pas avoir de verbe.
2. *Aussitôt que les arbres sont en fleurs.*	On ne peut pas dire *aussitôt les arbres en fleurs, aussitôt* étant un adverbe et ne pouvant avoir un complément. Il faut prendre une autre tournure.
3. CHACUN *un nid.*	*Chaque* est adjectif; *chacun* est pronom ; or, dans cette phrase, c'est du pronom *chacun* qu'il faut se servir, puisqu'il n'y a aucun nom qui appelle l'adjectif *chaque*.
4. *Et c'est de là* QU'*il jette.*	*C'est* DE LÀ D'OÙ *il jette :* périssologie, le même rapport de lieu se trouvant exprimé deux fois.
5. *Il se précipite* PARMI *ses frères.*	*Entre* suppose seulement deux objets; *parmi* en suppose un plus grand nombre.
6. AUTOUR DE *sa tête.*	*Alentour* est un adverbe qui signifie *aux environs*, et n'a jamais de complément.
7. *Vient s'abattre* PRÈS DE *quelque courant.*	*Près de* et *auprès de* éveillent également une idée de voisinage, de proximité; mais *auprès de* éveille, en outre, une idée d'assiduité, d'affection : *Des enfants bien élevés ne se plaisent qu'*AUPRÈS *de leurs parents.* C'est évidemment *près de* qui convient ici.
8. *Là* QUE *solitaire et résigné.*	*Là où :* hiatus et périssologie; on fait disparaître cette double faute en remplaçant *où* par la conjonction *que*, qui joint simplement les deux propositions entre elles.

XX

UN PROPOS DE TABLE

Mademoiselle du Plessis nous a honorés aujourd'hui de sa présence; elle nous a assuré qu'en Basse-Bretagne on fait une chère admirable, et qu'aux noces de sa belle-sœur on a mangé en un seul jour douze cents pièces de rôti. Nous sommes tous demeurés comme des gens qu'on aurait pétrifiés. J'ai pris courage et lui ai dit: « Mademoiselle, pensez-y bien; n'est-ce point douze pièces de rôti que vous avez voulu dire? *Je ne dis pas que vous ayez cherché à nous imposer* (1), mais on se trompe quelquefois. — Non, madame, c'est douze cents pièces, ou onze cents; je ne veux pas vous assurer si c'est onze ou douze, de peur de mentir; mais enfin je sais bien que c'est l'un ou l'autre. » Elle l'a répété vingt fois, et n'a jamais voulu, quoi qu'on lui ait dit, en rabattre un seul poulet. *Nous avons calculé qu'il fallait qu'ils soient* (2) pour le moins trois cents piqueurs pour piquer le menu, *et que le lieu soit un grand pré* (3) *où l'on ait fait dresser des tentes* (4), et que s'ils n'eussent été que cinquante, *il fallait qu'ils aient commencé* (5) *un mois avant* (6). Ce propos de table était bon, et vous en auriez été contente.

Avez-vous jamais vu une EXAGÉREUSE comme celle-là?

—

CORRIGÉ RAISONNÉ

1. *Je ne dis pas que vous ayez cherché à nous* EN *imposer.*	*Je ne dis pas que vous ayez cherché à nous imposer* : il faut dire : *à nous* EN *imposer. Imposer* signifie *inspirer du respect, commander de l'admiration*; ce n'est pas ce qu'on

veut dire ici ; EN *imposer* signifie *tromper*, *en faire accroire*, et c'est bien là l'idée que madame de Sévigné veut exprimer.

2. *Nous avons calculé qu'il fallait qu'ils* FUSSENT.

Ils ÉTAIENT *pour le moins trois cents, d'après le calcul que nous avons fait* : voilà le sens de la phrase ; c'est donc un imparfait qu'on veut exprimer, et, par conséquent, le 2e temps du subjonctif qu'il faut employer.

3. *Et que le lieu* FÛT *un grand pré.*

Le lieu était un grand pré : encore un imparfait ; employez donc le 2e temps du subjonctif.

4. *Où l'on* EÛT FAIT *dresser des tentes.*

Au mode affirmatif, on dirait : *on* AVAIT FAIT *dresser des tentes* ; c'est donc un plus-que-parfait ou passé antérieur médiat qu'on veut marquer ; servez-vous, par conséquent, du 4e temps du subjonctif.

5. *Il fallait qu'ils* EUSSENT COMMENCÉ.

On veut dire : *Ils* AVAIENT COMMENCÉ ; on veut exprimer un plus-que-parfait ; c'est donc du 4e temps du subjonctif qu'il faut faire usage.

6. *Un mois* AUPARAVANT.

Un mois avant : dites *auparavant* ; *avant* est une préposition et est toujours suivie du second terme du rapport qu'elle établit, au lieu que *auparavant* est un adverbe et a par lui-même un sens complet.

XXI

LA POÉSIE

La poésie est plus sérieuse et plus utile que ne semblent l'avoir cru la plupart des hommes. La religion l'a consacrée à son usage dès l'origine du genre humain. *Auparavant que* (1) *les hommes aient un texte d'écriture divine* (2), les hymnes sacrées qu'ils savaient par cœur conservaient la mémoire de l'origine du monde et la tradition des merveilles que Dieu avait opérées. D'ailleurs, c'est à la poésie que le monde a dû ses premières lois ; c'est elle qui a adouci les hommes farouches et sauvages, qui les a rassemblés des forêts où ils étaient épars et errants, qui les a policés, qui a réglé les mœurs, *qui a formé les familles et nations* (3), qui a fait goûter les pures délices de la société, qui a rappelé l'usage de la raison, cultivé la vertu et inventé les beaux-arts ; c'est elle qui a élevé les courages pour la guerre, et qui les a modérés pour la paix. Autant nous devons mépriser et fuir ces hommes qui se sont injustement arrogé le nom de poëtes, et qui ont voulu nous faire passer leurs mauvaises compositions pour des chefs-d'œuvre, *autant nous devons nous montrer admirateurs et chérir un grand poëte* (4) qui n'a point fait de la poésie un jeu d'esprit pour s'attirer une vaine gloire, mais qui l'a employée à enthousiasmer les hommes en faveur de la sagesse, de la vertu et de la religion.

CORRIGÉ RAISONNÉ

1. *Avant que.*	*Auparavant que*, etc., n'est pas français, il faut dire *avant que. Auparavant* est adverbe et a par lui-même un sens complet ; *avant que* est une locution conjonctive, qui joint ensemble une proposition principale et une proposition subordonnée.
2. *Les hommes* EUSSENT *un texte d'écriture divine.*	*Les hommes aient un texte*, etc. On veut dire ici : *lorsque les hommes n'*AVAIENT *pas un texte d'écriture divine, les hymnes sacrées conservaient la mémoire de l'origine du monde ;* c'est donc un imparfait qu'on veut exprimer, et, par conséquent, le 2e temps du subjonctif qu'il faut employer.
3. *Qui a formé les familles et* LES *nations.*	*Qui a formé les familles et nations* ; il faut dire : *les familles et les nations :* l'article se répète avant chaque nom pris dans un sens déterminé.
4. *Autant nous devons admirer et chérir un grand poëte.*	*Autant nous devons nous montrer admirateurs et chérir un grand poëte...* On dit se montrer admirateur de quelqu'un et chérir quelqu'un : il faut donc donner à chacun de

ces mots le complément qui lui convient, o[illegible] bien se servir de deux verbes, comme *adm[illegible]rer* et *chérir*, qui admettent un compléme[illegible] commun.

XXII

LES CLOCHES NATALES

J'aime à entendre les sons de la cloche lointaine *qu[i] appelle l'homme des champs au temple, le dimanche* (1). Appuyé contre le tronc d'un ormeau, *j'écoute le pieu[x] murmure en silence* (2). Chaque frémissement de l'airai[n] *porte l'innocence des mœurs champêtres, le calme de l[a] solitude, le charme de la religion et la délectable mélancolie de ma première enfance à mon âme naïve* (3). Oh ! quel cœur si mal fait n'a tressailli de joie au bruit des cloches qui frémirent sur son berceau, qui annoncèrent son avénement à la vie, *qui publièrent la sainte allégresse de son père et les joies encore plus ineffables de sa mère, dans les lieux d'alentour* (4). Le son de la cloche natale plonge notre âme dans des rêveries enchantées où tout se trouve : religion, famille, et le berceau et la tombe, et le passé et l'avenir.

CORRIGÉ RAISONNÉ

1. *Qui, le dimanche, appelle au temple l'homme des champs.*	*Qui appelle l'homme des champs au temple, le dimanche :* construction vicieuse; placez le complément circonstanciel, *le dimanche,* avant le verbe, puis énoncez, après ce verbe, le complément indirect, et terminez par le complément direct, qui est plus long, et la phrase sera régulièrement construite.

2. *J'écoute en silence le pieux murmure.*

Lorsqu'un verbe a plusieurs compléments, l'euphonie veut que le complément le plus long s'énonce le dernier.

3. *Porte à mon âme naïve l'innocence des mœurs champêtres, le calme de la solitude, le charme de la religion et la délectable mélancolie de ma première enfance.*

Porte l'innocence, etc... *à mon âme naïve :* l'euphonie veut qu'on rapproche le complément *à mon âme naïve* du verbe *porte,* et qu'on énonce ensuite le complément direct *l'innocence des mœurs..., le calme,* etc.

4. *Qui publièrent dans les lieux d'alentour la sainte allégresse de son père et les joies encore plus ineffables de sa mère.*

Qui publièrent la sainte allégresse,... dans les lieux d'alentour : le complément circonstanciel *dans les lieux d'alentour* étant le plus court, doit être énoncé le premier.

XXIII

MADAME DE SÉVIGNÉ À SA FILLE

J'ai fait un fort joli voyage. Je suis partie hier assez matin de Paris, et j'ai été déjeuner à Pomponne; j'y ai trouvé notre bonhomme (M. Arnauld) qui m'attendait; *je n'aurais pas voulu manquer de lui dire adieu* (1). Je l'ai trouvé dans une augmentation de sainteté qui m'a étonnée : *plus il approche de la mort, et plus il s'épure* (2). Il m'a grondée très-sérieusement; et, transporté de zèle et d'amitié pour moi, il m'a dit que j'étais une païenne; que je faisais de vous une idole dans mon cœur; que cette sorte d'idolâtrie était aussi dangereuse qu'une autre, *quoiqu'elle me paraisse moins criminelle* (3); *qu'il était temps que je songe à moi* (4) : il m'a dit cela si fortement que je n'avais pas le mot à dire, *quelle que soit mon envie de lui répondre* (5). Enfin, après quatre heures et demie d'une conversation très-agréable, quoique très-sérieuse, je l'ai quitté et suis venue ici, où j'ai trouvé tout le triomphe du mois de mai : le rossignol, le coucou, la fauvette ont ouvert le printemps dans nos bois; je m'y suis promenée seule une partie de la soirée, et j'ai destiné l'autre à vous écrire dans le jardin, *où je suis tout étourdie par trois à quatre rossignols qui sont sur ma tête* (6).

Je vous embrasse et vous aime, et vous le dirai toujours, parce que c'est toujours la même chose.

J'oubliais de vous dire que notre jardinier vient de mourir : nos fleurs en sont toutes tristes. Adieu.

—

CORRIGÉ RAISONNÉ

1. *Je n'aurais pas voulu manquer* À *lui dire adieu.*	*Je n'aurais pas voulu manquer de lui dire adieu...* Il y a une grande différence entre *manquer à* et *manquer de*, avant un infinitif : *manquer de* signifie *omettre*, oublier de faire quelque chose; *manquer à* exprime une idée de respect et d'égards; le plus souvent, *manquer à* est, dans ce cas, suivi d'un nom; mais madame de Sévigné s'est affranchie de la règle et s'est servie d'un infinitif : nous ne saurions l'en blâmer.
2. PLUS *il approche de la mort,* PLUS *il s'épure.*	*Plus il approche,* etc., *et plus il s'épure.* Supprimez *et* avant le second PLUS : il n'y a aucune idée d'addition.
3. *Quoiqu'elle me* PARÛT *moins criminelle.*	*Quoiqu'elle me paraisse,* etc. ; le sens de la phrase est évidemment celui-ci : *cette idolâtrie me* PARAISSAIT *moins criminelle, mais c'en était cependant une.* C'est donc un imparfait qu'on veut exprimer, et, par conséquent, le 2e temps du subjonctif qu'il faut employer.
4. *Qu'il était temps que je* SONGEASSE *à moi.*	*Qu'il était temps que je songe à moi : que je songe,* c'est-à-dire *je devais songer, je songerais;* c'est encore le 2e temps du subjonctif qu'il faut employer ici.
5. *Quelle que* FÛT *mon envie de lui répondre.*	*Quelle que soit mon envie,* etc. Madame de Sévigné veut dire : J'AVAIS *pourtant bien envie de lui répondre ;* c'est un imparfait qu'elle veut exprimer, et, par conséquent, le 2e temps du subjonctif qu'elle doit employer.

6. *Où je suis tout tourdie par trois ou uatre rossignols qui ont sur ma tête.*	*Où je suis étourdie par trois à quatre rossignols :* entre trois et quatre rossignols, il n'y a pas de subdivision possible ; c'est donc *par trois* ou *quatre rossignols* qu'il faut dire.

XXIV

L'ILE SAINT-PIERRE

Elle est située au milieu du lac de Bienne, dont les ives sont plus sauvages que celles du lac de Genève, nais ne sont pas moins riantes. Le flux et le reflux de eau, son bruit *continu, continuel* (choisissez) (1), mais enflé par intervalles, *ne décessent de frapper l'oreille et s yeux* (2), *suppléent les mouvements internes* (3) que la èverie éteint, et suffisent pour faire sentir l'existence vec plaisir, sans qu'on prenne la peine de penser. De emps à autre, naît quelque courte réflexion sur l'insbilité des choses de ce monde, *dont la surface des eaux n offre l'image* (4). L'île, dans sa petitesse, est si variée ans ses terrains et ses aspects, qu'elle offre toutes sortes e sites et souffre toutes sortes de cultures. On y trouve es champs, des plants de vignes, des bois, des vergers nême. *On y voit aussi des gras pâturages* (5) ombragés de osquets et bordés d'arbrisseaux de toute espèce, *dont le ord des eaux entretient leur fraîcheur* (6) ; une haute et rge terrasse, plantée de deux rangs d'arbres, borde l'île ans sa longueur, et l'on a bâti, dans le milieu de cette rrasse, un joli salon, où les habitants des rives voines viennent, *les fêtes et dimanches* (7), danser durant s vendanges.

—

CORRIGÉ RAISONNÉ

1. *Son bruit* CONTINUEL.

Continu, continuel... Continu se dit d'une chose qui ne souffre point d'interruption ni d'intervalle; *continuel*, d'une chose qui peut être interrompue, mais qui reprend ensuite de la même manière; *continuel* marque de plus la longueur de la durée.

2. *Ne* CESSENT *de frapper l'oreille et les yeux.*

Ne décessent de frapper, etc. : *décessent* est un barbarisme.

3. *Suppléent aux mouvements internes.*

Suppléent les mouvements... Suppléer une chose, c'est ajouter ce qui manque, fournir ce qu'il faut de surplus pour que cette chose soit complète; *suppléer à* une chose, signifie réparer le manquement, le défaut de quelque chose, en tenir lieu : *le flux et le reflux de l'eau* SUPPLÉENT AUX *mouvements internes*, c'est-à-dire *tiennent lieu des mouvements internes.*

4. *Dont la surface des eaux offre l'image.*

Dont la surface des eaux en offre l'image : périssologie; supprimez EN.

5. *On y voit aussi* DE *gras pâturages.*

On y voit aussi des gras pâturages, c'est-à-dire *quelques gras pâturages* : on supprime l'article, et l'on emploie simplement *de*, quand le nom, pris dans un sens *partitif*, est précédé d'un adjectif qualificatif.

6. *Dont le bord des eaux entretient* LA *fraicheur.*

Dont le bord des eaux entretient leur fraicheur : périssologie; remplacez l'adjectif possessif *leur* par l'article *la*, et la construction sera régulière.

7. *Les fêtes et* LES *dimanches.*

Les fêtes et dimanches; il faut dire : *les fêtes et* LES *dimanches*; l'article se répète avant chaque nom pris dans un sens déterminé. Pour abréger, on dit quelquefois : *les curés et vicaires, les maires et adjoints, les pères et mères*, etc.; mais ces façons de parler sont généralement réprouvées. L'exactitude grammaticale exige la répétition de l'article avant chaque nom.

XXV

L'HÔTEL DES INVALIDES

Plus les âges qui ont élevé nos monuments ont eu de iété et de foi, et plus ces monuments ont été frappants ar la grandeur et la noblesse de leur caractère (1). On n voit un exemple remarquable dans l'hôtel des Invades.

Trois corps de logis, formant avec l'église un carré ng, composent l'édifice des Invalides. Mais quel goût ns cette simplicité ! quelle beauté dans cette cour, qui est pourtant qu'un cloître militaire *où l'art a mêlé les ées guerrières avec les idées religieuses* (2), et marié mage d'un camp de vieux soldats aux souvenirs attenissants d'un hôpital. C'est à la fois le monument du eu des armées et du Dieu de l'Évangile. La rouille des ècles, qui commence à le couvrir, *lui donne des nobles pports avec ces vétérans* (3), ruines animées que l'on it se promener sous ces portiques. *Ces soldats se rapllent de leurs combats* (4) en voyant, dans les avanturs, des fossés, des glacis, des remparts, des canons, s tentes et des sentinelles. Pénétrez-vous plus avant : bruit s'affaiblit par degrés et va se perdre à l'église, où gne le plus profond silence. Ce bâtiment religieux est acé derrière les bâtiments militaires, comme l'image du pos et de l'espérance au fond d'une vie pleine de troues et de périls.

—

CORRIGÉ RAISONNÉ

1. PLUS *les âges qui ont élevé nos monuments ont eu de piété et de foi,* PLUS *ces monuments ont été frappants par la grandeur et la noblesse de leur caractère.*	*Plus les âges qui,* etc... ET *plus ces monuments :* l'emploi de la conjonction *et,* dans ces sortes de phrases, avant la seconde expression comparative, est généralement regardé comme une faute; en effet, la pensée rejette ici toute idée d'addition. Cependant la plupart de nos auteurs modernes en ont fait usage.
2. *Où l'art* A MÊLÉ *les idées guerrières* AUX *idées religieuses.*	*Mêler* signifie, au propre, mettre ensemble plusieurs choses et les confondre; alors ce verbe veut la préposition *avec :* MÊLER *l'eau* AVEC *le vin.* (Acad.) Au figuré, il se dit des choses morales, et signifie *joindre, unir;* dans ce cas, il prend la préposition *à : Où l'art* A *mêlé les idées guerrières* AUX *idées religieuses.*
3. *Lui donne* DE *nobles rapports avec ces vétérans.*	*Lui donne des nobles rapports...* Il faut dire : DE *nobles* rapports ; quand un nom pris dans un sens *partitif* est précédé d'un adjectif, on met *de* et non *du, de la, des,* avant cet adjectif. Il y a pourtant des exceptions : la grammaire les fait connaître.
4. *Ces soldats se rappellent leurs combats.*	*Ces soldats se rappellent de leurs combats.* On dit *se rappeler quelque chose :* la chose rappelée est toujours complément direct. Il faut cependant remarquer que *se rappeler* peut très-bien être suivi de la préposition *de* avant un infinitif : *je me rappelle* D'*avoir* fait telle chose. (Acad.)

XXVI

L'OISEAU-MOUCHE

De tous les êtres animés, voici le plus élégant quant à la forme et le plus brillant quant aux couleurs. Les pierres et les métaux que notre art a polis *ne sauraient être comparés avec ce bijou de la nature* (1) : elle l'a placé, dans l'ordre des oiseaux, au dernier degré de l'échelle de grandeur; son chef-d'œuvre est le petit oiseau-mouche; elle s'est plu à le combler de tous les dons qu'elle n'a fait que partager aux autres oiseaux : légèreté, prestesse, grâce et riche parure se trouvent réunies dans ce petit favori. La topaze, l'émeraude, le rubis brillent semés avec profusion sur ses habits; il ne les salit jamais de la poussière de la terre; et il est rare qu'on le voie, dans sa vie tout aérienne, *toucher au gazon* (2); il est toujours en l'air, pompe le nectar des fleurs, et n'habite que les climats où sans cesse elles se renouvellent. *C'est dans les contrées les plus chaudes du Nouveau-Monde où se trouvent les oiseaux-mouches* (3); ils paraissent confinés entre les deux tropiques; on en a cependant vu s'avancer, avec le soleil, dans les zones tempérées; mais ils se sont retirés avec lui, volant sur l'aile des zéphyrs à la suite d'un printemps éternel.

Rien n'égale la vivacité de ces petits oiseaux, leur courage ou plutôt leur audace exceptée. Ils harcellent avec une ardeur, une furie incroyable des oiseaux que la nature a faits vingt fois aussi gros qu'eux, et il les becquetent à coups redoublés, *jusqu'à ce qu'ils assouvissent leur petite colère* (4); quelquefois même *on les a vus se livrer entre eux des vifs combats* (5). L'impatience paraît être leur âme : s'ils s'approchent d'une fleur et qu'ils la trouvent fanée, *ils lui arrachent ses pétales* (6) avec une précipitation et une impatience qui marquent leur dépit. Ils n'ont d'autre voix qu'un petit cri, *screp! screp!* fréquent et répété; ils le font entendre dans les bois dès l'aurore; mais les rayons du soleil se sont à peine montrés que déjà ils ont tous pris leur essor, et se sont dispersés dans les campagnes.

—

CORRIGÉ RAISONNÉ

1. *Ne sauraient être comparés* À *ce bijou de la nature.*	*Ne sauraient être comparés avec ce bijou*, etc. Il ne faut pas confondre *comparer* et *comparer* AVEC; *comparer* À suppose analogie entre les objets que l'on compare, un rapport de ressemblance : *les pierres et les métaux que notre art a polis ne sauraient être comparés* À *ce bijou de la nature* (l'oiseau-mouche); *comparer* AVEC suppose une opposition résultant de la nature même des deux objets : *on ne peut comparer le vice* AVEC *la vertu.*
2. *Toucher le gazon.*	*Toucher*, dans le sens de *se mettre en contact avec un objet quelconque*, veut un complément direct : *l'oiseau-mouche, dans sa vie tout aérienne, touche rarement le gazon.* *Toucher à* quelque chose signifie *en prendre, en ôter.*
3. *C'est dans les contrées les plus chaudes du Nouveau-Monde* QUE *se trouvent les oiseaux-mouches.*	*C'est dans les contrées les plus chaudes du Nouveau-Monde, où*, etc. : périssologie, l'idée de lieu n'a pas besoin d'être exprimée deux fois; remplacez *où* par *que*, et la construction sera régulière.
4. *Jusqu'à ce qu'ils aient* ASSOUVI *leur petite colère.*	*Quand ils* ONT ASSOUVI *leur petite colère, ils cessent de becqueter*, etc. : on veut exprimer un passé indéfini, il faut donc se servir du 3e temps du subjonctif.
5. *On les a vus se livrer entre eux* DE *vifs combats.*	*On les a vus se livrer entre eux des vifs combats*, c'est-à-dire *quelques vifs combats*; or quand un nom pris dans un sens *partitif* est précédé d'un adjectif qualificatif, on supprime l'article, c'est-à-dire on emploie simplement DE; il faut donc dire : DE *vifs combats.*
6. *Ils lui arrachent* LES *pétales.*	*Ils lui arrachent ses pétales* : périssologie; il suffit de dire : *ils lui arrachent* LES *pétales.*

XXVII

LE PONT DU GARD

Allez donc voir le pont du Gard. — *J'y irai, disais-je* (1). Je me décidai enfin..... *Je m'attendais voir une construc-*

tion (2) digne de ceux qui l'avaient exécutée, mais mon attente n'allait pas au delà. Pour le coup, l'objet passa l'idée que je m'en étais formée. Il n'appartenait qu'aux Romains de produire cet effet. *L'aspect de ce simple et de ce noble ouvrage* (3) me frappa d'autant plus qu'il est au milieu d'un désert, où le silence et la solitude contribuent encore à rendre l'objet plus frappant et l'admiration plus vive; *car ce prétendu pont n'était seulement qu'un aqueduc* (4). On se demande quelle force a soulevé ces pierres énormes, les a transportées si loin de toute carrière, et a réuni les bras de tant de milliers d'hommes dans un lieu où il n'en habite aucun. Je parcourus les trois étages de ce superbe édifice, que le respect m'empêchait presque d'oser fouler sous mes pieds, quel qu'en fût mon désir. Ces voûtes *que j'aimais faire résonner du bruit de mes pas* (5), me faisaient croire entendre la forte voix de ceux qui les avaient bâties. Je me perdais comme un insecte dans cette immensité. Je sentais, tout en me faisant petit, quelque chose de solennel et d'extraordinaire *qui m'élevait mon âme* (6); et je me disais en soupirant : Que ne suis-je né Romain ! Je restai là nu-tête, pendant plus de deux heures et demie, *dans une ravissante et une délicieuse contemplation* (7).

—

CORRIGÉ RAISONNÉ

1. J'IRAI, *disais-je.*	*J'y irai :* cette expression est grammaticalement correcte; mais, par euphonie, on supprime l'adverbe *y* avant le futur et le conditionnel du verbe *aller;* on dit simplement *j'irai,* cette suppression n'ôtant rien à la clarté.
2. *Je m'attendais* À *voir une construction.*	*S'attendre,* suivi d'un infinitif, prend la préposition *à : je m'attendais* À *voir,* et non *je m'attendais voir.*

3

3. *L'aspect de ce simple et noble ouvrage.*	Ne dites pas : *l'aspect de ce simple et de ce noble ouvrage;* il ne s'agit que d'un seul ouvrage, tout à la fois *simple* et *noble;* il n'[illegible] faut, par conséquent, qu'un seul détermi-natif.
4. *Car ce prétendu pont n'était qu'un aqueduc.*	*Car ce prétendu pont n'était seulement qu'un aqueduc :* périssologie; *ne... que* et *seulement* exprimant la même idée. Dites : *n'était qu'un aqueduc,* ou bien : *était seulement un aqueduc.* La première manière de s'exprimer est préférable.
5. *Ces voûtes que j'aimais* À *faire résonner du bruit de mes pas.*	*J'aimais faire;* on dit : *aimer* À faire quelque chose : *j'aimais* À *faire résonner ces voûtes du bruit de mes pas.*
6. *Qui élevait* MON *âme.*	*Qui m'élevait mon âme :* périssologie; il suffit de dire : *m'élevait l'âme,* ou mieux : *élevait mon âme.*
7. *Dans une ravissante et délicieuse contemplation.*	On ne parle ici que d'une seule chose, à laquelle on attribue les qualités exprimées par les adjectifs *ravissante* et *délicieuse;* il ne faut donc qu'un seul déterminatif.

XXVIII

JÉSUS-CHRIST

Quel aveuglement ne faut-il pas pour oser comparer le fils de Sophronisque au Fils de Marie! *Quelle distance les sépare l'un l'autre* (1)! Socrate, *qui est expiré sans douleur* (2), sans ignominie, a soutenu aisément jusqu'au bout son personnage, et si cette facile mort n'eût honoré sa vie, on douterait si Socrate, avec tout son esprit, a été autre chose qu'un sophiste. Il a inventé, dit-on, la morale : *d'autres auparavant lui l'avaient mise en pratique* (3); il n'a fait que dire ce qu'ils avaient fait, il n'a fait que mettre en leçons les exemples qu'ils avaient donnés. Aristide avait été juste *avant que Socrate dise* (4) ce que c'est que la justice; Léonidas était mort pour son pays *avant que Socrate fasse* (5) un devoir d'aimer la patrie; Sparte était sobre *avant que Socrate loue* (6) la sobriété; *avant qu'il loue la vertu* (7), la Grèce abondait en hommes vertueux. Mais où Jésus avait-il pris chez les siens cette morale élevée et pure, dont lui seul a donné les leçons et l'exemple? Du sein du plus furieux fanatisme, la plus haute sagesse s'est fait entendre. *La mort de Socrate philosophant tranquillement avec ses amis et disciples* (8) *est la plus douce qu'on peut désirer* (9); celle de Jésus expirant dans les tourments, injurié, raillé, maudit de tout un peuple, *est la plus horrible qu'on peut craindre* (10). Socrate, prenant la coupe empoisonnée, bénit celui qui la lui présente et qui pleure; Jésus, *au milieu d'un affreux et d'un ignominieux supplice* (11), prie pour ses bourreaux acharnés. Oui, si la mort et la vie de Socrate sont d'un sage, la vie et la mort de Jésus sont d'un Dieu.

—

CORRIGÉ RAISONNÉ

1. *Quelle distance les sépare l'un* DE *l'autre.*	*Quelle distance sépare l'un l'autre...* On dit *séparer de :* il faut donc mettre *de* avant l'*autre*, pronom qui figure comme complément indirect, et dire : *quelle distance sépare l'un* DE *l'autre.*
2. *Qui* A EXPIRÉ *sans douleur.*	*Qui est expiré sans douleur* n'est pas français; il faut dire : *qui* A *expiré;* en parlant des personnes, on doit toujours conjuguer *expirer* avec l'auxiliaire *avoir.*
3. *D'autres* AVANT *lui.*	Ne dites pas : AUPARAVANT *lui. Auparavant* étant adverbe ne saurait avoir un complément; dites : AVANT *lui.*
4. *Avant que Socrate* EÛT DIT.	*Socrate n'*AVAIT *pas* DIT *ce que c'est que la justice, et cependant Aristide avait été juste;* c'est donc un plus-que-parfait ou passé antérieur médiat qu'on veut exprimer, et, par conséquent, le 4e temps du subjonctif qu'il faut employer.

5. *Avant que Socrate* EÛT FAIT.	Même raisonnement.
6. *Avant que Socrate* EÛT LOUÉ *la sobriété.*	
7. *Avant qu'il* EÛT LOUÉ *la vertu.*	
8. *La mort de Socrate philosophant tranquillement avec ses amis et* SES *disciples.*	*La mort de Socrate philosophant tranquillement avec ses amis et disciples...* Il faut dire *et* SES *disciples :* l'adjectif déterminatif se répète avant chaque nom.
9. *Est la plus douce qu'on* PUISSE *désirer.*	Après un superlatif relatif, le verbe de la proposition subordonnée se met au subjonctif; il faut employer ici le premier temps de ce mode, parce qu'on veut exprimer une chose vraie dans tous les temps, et par conséquent présente : *qu'on* PUISSE *désirer.*
10. *Est la plus horrible qu'on* PUISSE *craindre.*	Même raisonnement.
11. *Jésus, au milieu d'un affreux et ignominieux supplice.*	Ne dites pas : *au milieu d'un affreux et* D'UN *ignominieux supplice;* il n'y a qu'un nom qualifié, *supplice;* il ne faut qu'un seul déterminatif.

XXIX

DES PREMIERS CHRONOMÈTRES

Les cadrans solaires sont les premiers chronomètres *que les hommes se soient servis* (1). Les astronomes chaldéens, *qui les avaient inventés vers l'an sept cent avant notre ère, les ont donnés aux Égyptiens, qui les ont fait connaître aux Grecs, qui, à leur tour, les ont transmis aux Romains, qui nous les ont légués* (2). Mais la présence du soleil était indispensable pour faire fonctionner cette espèce de chronomètre. Afin de parvenir à mesurer les heures en un temps et en un lieu quelconques, on a imaginé d'abord les CLEPSYDRES OU HORLOGES D'EAU, composées de deux fioles d'égale grandeur, placées l'une au-dessus de l'autre en sens opposé et se joignant par leurs extrémités. *La fiole supérieure laissait tomber goutte à goutte dans celle inférieure le liquide qu'elle contenait* (3). Quand *celle-là s'était remplie, et que, par conséquent, celle-ci s'était vidée* (4), on retournait l'appareil, et l'eau recommençait à couler de la même façon. Les fioles étaient d'ailleurs disposées *de manière à ce que le liquide emploie une heure* (5), une demi-heure ou un quart d'heure à passer de l'une dans l'autre, *et serve ainsi à mesurer un certain laps de temps* (6). Les clepsydres ont été plus tard remplacées par les SABLIERS, instruments du même genre, mais dont les fioles étaient remplies de sable. Cette substance, *qui ne s'écoule pas avec autant de promptitude comme l'eau* (7), pouvait mesurer un espace de temps plus considérable.

—

CORRIGÉ RAISONNÉ

1. DONT *les hommes se soient servis.*

Que les hommes se soient servis : on dit *se servir de* quelque chose; il faut donc, dans cette proposition, remplacer *que* par *dont*, qui est toujours complément indirect.

2. *Qui les avaient inventés vers l'an sept cent avant notre ère, les ont donnés aux Egyptiens.* CEUX-CI *les ont fait connaître aux Grecs ;* CES DERNIERS *les ont, à leur tour, transmis aux Romains, qui nous les ont légués.*

QUI *les avaient inventés...* QUI *ont fait connaître...* QUI *les ont transmis...* QUI *nous les ont légués* : cette phrase est vicieuse, parce que les rapports des pronoms conjonctifs sont divergents, exprimant des relations toutes différentes. Pour être correct, il faut, comme nous l'avons fait, supprimer une partie de ces *qui*, en les remplaçant par les expressions *ceux-ci, ces derniers*, etc.

3. *La fiole supérieure laissait tomber goutte à goutte dans* LA FIOLE *inférieure le liquide qu'elle contenait.*

La fiole supérieure laissait, etc.; on ne peut pas dire : *dans celle inférieure*; un pronom démonstratif ne peut jamais être suivi immédiatement d'un adjectif qualificatif; il faut, dans ce cas, répéter le nom : *dans la* FIOLE *inférieure*, etc.

4. *Quand* CELLE-CI *s'était remplie, et que, par conséquent,* CELLE-LÀ *s'était vidée.*	Les pronoms *celui-ci, ceux-ci,* etc., rappellent les objets les plus voisins : *celle-ci* (*la* FIOLE *inférieure*) *s'était remplie; ceux-là, celles-là,* etc., les objets les plus éloignés : *celle-là* (*la* FIOLE *supérieure*) *s'était vidée.*
5. *De manière à ce que le liquide* EMPLOYÂT.	*Le liquide* EMPLOIERAIT *une heure,* etc. voilà ce qu'on veut dire; c'est donc un conditionnel futur qu'on veut exprimer, et, par conséquent, le 2e temps du subjonctif qu'il faut employer.
6. *Et* SERVÎT *ainsi à mesurer un certain laps de temps.*	*Et le liquide* SERVIRAIT : encore un futur conditionnel; employez donc le 2e temps du subjonctif.
7. *Qui ne s'écoule pas avec autant de promptitude* QUE *l'eau.*	*Autant... comme...* : périssologie; l'idée de comparaison étant exprimée une première fois par *autant,* n'a pas besoin de l'être une seconde par *comme.* Remplacez *comme* par *que,* conjonction purement copulative, et la phrase sera correcte.

XXX

MORT DE MIRABEAU

Le 1er avril 1791, une foule immense s'était amassée devant une maison de la Chaussée-d'Antin, *et encombrait ses abords* (1). Une profonde consternation s'était emparée de cette foule, que vous eussiez vue plongée dans un morne silence : il y avait dans cette maison un homme qui agonisait.

Tout ce peuple inondait la rue, la cour, l'escalier, l'antichambre même; plusieurs étaient là nu-tête ou bras nus, depuis trois jours et demi; *on se parlait les uns les autres à voix basse* (2), on semblait craindre de respirer, on interrogeait avec une inquiétude, une anxiété croissante *ceux qui entraient ou sortaient de cette maison* (3). Le peu d'espérance que les médecins avaient conservée s'é-

[ét]ait évanouie. De demi-heure en demi-heure, des bulletins arrachés par mille mains se dispersaient dans la multitude; les femmes, entre autres, se les disputaient, et vous les eussiez entendues sangloter. Un jeune homme, dans le paroxysme de la douleur, *offrait à haute voix de s'ouvrir son artère* (4) pour infuser son sang, riche et pur, dans les veines appauvries du mourant. Tous, les moins intelligents même, semblaient accablés sous cette pensée, que ce n'était pas seulement un homme, *mais un peuple qui allait mourir* (5).

Les Parisiens, après s'être salués et s'être serré la main, ne s'adressaient plus qu'une question.

Cet homme expira. Une demi-heure s'était à peine écoulée, et déjà cette fatale nouvelle s'était répandue dans la capitale tout entière.

Cet homme était Mirabeau (6).

CORRIGÉ RAISONNÉ

1. *Et* EN *encombrait* LES *abords.*	*Et encombrait ses abords* : les abords de quoi? De la maison. Le nom *maison* ne figurant pas comme sujet de la proposition où se trouve *ses*, cet adjectif est mal construit; il faut mettre EN avant le verbe, et remplacer *ses* par *les* : *et* EN *encombrait* LES *abords.*
2. *On se parlait les uns* AUX *autres à voix basse.*	*On se parlait les uns les autres*...; il faut dire : *on se parlait les uns* AUX *autres;* cela devient évident, si l'on fait disparaître l'ellipse : *on se parlait, les uns parlaient* AUX *autres;* etc.
3. *Ceux qui entraient dans cette maison ou qui* EN *sortaient.*	*Ceux qui entraient ou sortaient de cette maison*... On dit *entrer dans* et *sortir de;* il faut donc donner à chaque verbe le complément qui lui convient : *ceux qui entraient dans cette maison ou qui* EN *sortaient.*
4. *Offrait à haute voix de s'ouvrir* L'*artère.*	*Offrait... de s'ouvrir son artère :* périssologie : il suffit de dire : *de s'ouvrir l'artère;* on comprend suffisamment à qui appartenait l'artère dont on parle ici.

5. *Mais* QUE C'ÉTAIT *un peuple qui allait mourir.*	*Mais un peuple*, etc. : il faut répéter l[e] verbe, parce que, dans la proposition précé[-]dente, ce verbe figure à la forme négative, e[t] que, dans celle-ci, il doit être à la forme affir[-]mative; dites donc : *mais* QUE C'ÉTAIT *un peu-ple*, etc.
6. *Cet homme, c'était Mirabeau.*	*Cet homme était Mirabeau...* : pour donne[r] plus de force à l'expression, il est préférabl[e] de mettre c' avant *était : cet homme, c'étai[t] Mirabeau.*

XXXI

LE TARTUFE DE FRANCHISE

Mérange est un homme de forte corporence (1), au front découvert, à la figure vermeille et arrondie; son geste a quelque chose de brusque et de saccadé; ses manières sont ouvertes, quelquefois bourrues; il court à vous, à quelque distance qu'il vous voie, vous prend la main *et la secoue à vous démettre votre poignet* (2); *quoi que vous lui demandez* (3), sa réponse commence toujours par ces mots : À VOUS PARLER FRANCHEMENT. Avec lui jamais de compliments, jamais d'éloges à craindre : *il déteste, il a horreur de la flatterie* (5); et *tant qu'à la politesse* (5), il répète à tout propos que la véritable est dans le cœur. Si par hasard vous avez quelque intérêt à démêler avec lui, il s'en rapporte entièrement à vous, car il n'entend rien aux affaires, quelque simples qu'elles soient; et c'est pour cela qu'il vous renvoie à son avoué, un des plus grands chicaneurs *que la terre a jamais portés* (6). Sa bourse est toujours au service de ses amis; ce qui fait qu'elle est ordinairement vide; mais s'il ne peut vous obliger lui-même, du moins s'empresse-t-il de vous indiquer un *homme honnête* (7), c'est-à-dire un usurier auquel il a recours lui-même au besoin.

Maintenant, comment se fait-il qu'avec un caractère de franchise si bien établi, Mérange n'ait pas un ami, pas une connaissance qui ne se plaigne d'avoir été sa dupe? — À VOUS PARLER FRANCHEMENT, à mon tour, c'est que Mérange n'est rien moins que ce qu'il paraît : sous ces dehors agrestes, sous cette apparente bonhomie, il cache une âme basse, un cœur sec et un esprit rusé : c'est un TARTUFE DE FRANCHISE.

—

CORRIGÉ RAISONNÉ

1. *Mérange est un homme de forte* CORPULENCE.	*Corporence* est un barbarisme.
2. *Et la secoue à vous démettre* LE *poignet.*	*Et la secoue à vous démettre votre poignet... Vous* et *votre* forment ici une périssologie ; il suffit de dire : *et la secoue à vous démettre* LE *poignet*; on sait parfaitement à qui appartient le poignet.
3. *Quoi que vous lui* DEMANDIEZ.	Après *quoi que,* le verbe de la proposition subordonnée se met toujours au subjonctif.
4. *Il déteste la flatterie, il* EN *a horreur.*	On dit *détester* quelque chose et *avoir horreur* de quelque chose : il faut donner à chaque expression le complément qui lui convient : *il déteste la* FLATTERIE (complément direct), *il* EN (complément indirect) *a horreur.*
5. QUANT À *la politesse.*	*Tant qu'à la politesse* n'est pas français; dans le sens de *en ce qui concerne, pour, à l'égard de,* etc., c'est *quant à* qu'il faut employer.
6. *Que la terre* AIT *jamais portés.*	*Que la terre a... portés...* L'expression *un des plus grands chicaneurs* étant trop absolue, et pouvant éprouver quelque contradiction, on modifie, on affaiblit l'assertion par l'emploi du subjonctif. L'emploi du subjonctif, dans cette circonstance, est une des nombreuses délicatesses de notre langue, et en quelque sorte un contre-poids dans la balance du jugement.

7. *Un* HONNÊTE *homme.* — *Un homme honnête...* Ne confondez pas un *homme honnête* et un *honnête homme.* Le premier est un homme poli, qui a des manières agréables; le second est un homme intègre, d'une probité sévère. Dans la phrase dont il s'agit ici, *honnête homme* est employé dans un sens ironique.

XXXII

DES PLANTES

Admirez les plantes qui naissent de la terre : elles fournissent aux sains des aliments divers, et aux malades des remèdes efficaces. Leurs espèces et leurs vertus sont innombrables; *elles enrichissent et servent d'ornement à la terre* (1); elles donnent de la verdure, des fleurs odoriférantes et des fruits exquis. Voyez-vous ces vastes forêts, *qui paraissent aussi anciennes comme le monde* (2)? Ces arbres s'enfoncent dans la terre par leurs racines, comme leurs branches s'élèvent vers le ciel; leurs racines les défendent contre les vents, et vont chercher, comme par de petits tuyaux souterrains, tous les sucs destinés à la nourriture de leur tige; la tige elle-même se pare d'une écorce dure, rugueuse ou lisse, qui met le bois tendre à l'abri des injures de l'air; les branches distribuent en divers canaux la séve que les racines avaient réunie dans le tronc. En été, ces rameaux nous protégent de leur ombre contre les rayons du soleil; en hiver, ils nous procurent ce combustible *de qui la flamme conserve en nous la chaleur naturelle* (3). Les grands arbres ont encore une autre utilité : l'homme, *après avoir fait tomber à terre leurs troncs* (4), les dépèce, *et leur donne sans peine la forme qui faut* (5) pour les grands ouvrages de l'architecture et de la navigation. De plus, les arbres fruitiers, en penchant leurs rameaux vers la terre, semblent offrir leurs fruits à l'homme. Les arbres et les plantes, *en laissant tomber par terre leurs fruits ou leurs graines* (6), se préparent autour d'eux une nombreuse postérité. La plus faible plante, le moindre légume contient en petit volume, dans une graine, le germe de tout ce qui se déploie dans les plus hautes plantes, dans les plus grands arbres même. La terre, qui ne change jamais, opère tous ces changements dans son sein.

—

CORRIGÉ RAISONNÉ

1. *Elles servent d'ornement à la terre et l'enrichissent.*

On ne peut pas dire : *elles enrichissent et servent d'ornement à la terre*. En effet, *enrichir* veut un complément direct, et *servir d'ornement* un complément indirect précédé de la préposition *à*. La construction sera régulière si l'on dit : *elles servent d'ornement à la terre et l'enrichissent.*

2. *Qui paraissent aussi anciennes* QUE *le monde.*

Qui paraissent aussi anciennes comme le monde : périssologie ; l'idée de comparaison étant exprimée par *aussi*, n'a pas besoin de l'être une seconde fois par *comme*. Remplacez *comme* par la conjonction *que*, qui servira simplement à joindre ensemble les deux termes de la comparaison : *Qui paraissent aussi anciennes* QUE *le monde.*

3. DONT *la flamme conserve en nous la chaleur naturelle.*

De qui ne se dit que des personnes et des choses personnifiées.

4. *Après avoir fait* TOMBER PAR TERRE *leurs troncs.*

Après avoir fait tomber à terre... Il ne faut pas confondre *tomber par terre* et *tomber à terre*; on dit *tomber par terre* en parlant de ce qui touche à terre, et *tomber à terre* en parlant d'un objet qui ne touchait pas à terre avant d'y tomber; ainsi, un arbre tombe *par* terre, et ses fruits tombent *à* terre. La préposition *à* exprime la direction du mouvement ; *tomber à terre* signifie tomber vers la terre, comme le fruit qui se détache de l'arbre; la locution *par terre* présente l'objet comm[e] étendu le long du sol, sur la terre ; c'est l[e] cas de l'arbre.

5. *Et leur donne sans peine la forme qu'*IL FAUT.

Et leur donne... la forme qui faut : falloi[r] est un verbe impersonnel ; or, ces sortes d[e] verbes sont toujours accompagnés du pronom indéfini *il ;* dites donc *qu'*IL *faut.*

6. *En laissant* TOMBER À TERRE *leurs fruits ou leurs graines.*

En laissant tomber par terre, etc. Voyez pour la correction, le n° 4 ci-dessus.

XXXIII

LA CANTINIÈRE

La cantinière est aimée de toute l'armée, *dont elle en est non-seulement l'amazone* (1), mais encore la sœur grise. Son ambulance mobile ne la quitte jamais ; on trouve toujours de la charpie dans son panier, de la commisération dans son cœur et de l'esprit dans son tonneau. Le conscrit, quand il se traîne sur les chemins, boiteux et malade, sait qui aura pitié de lui, qui prendra son fusil et son sac pour en charger ses mulets ; qui, au besoin, l'y établira lui-même, raillé par ses camarades, mais porté au terme de sa course et sûr, quoi qu'il arrive, d'assister à la bataille du lendemain. La cantinière a toujours quelque mot plaisant à dire ; *elle entend d'ailleurs parfaitement la raillerie* (2), et fait bien : *à quoi lui servirait de se fâcher avec ceux qui la font vivre* (3) ? Sous son langage grossier, elle a un cœur de femme ; sa gaieté s'accroît par le péril ; son courage reste tout entier quand celui des soldats mollit, et qu'il lui en faut pour le bataillon et pour elle. *Les hommes se portent secours les uns les autres* (4) ; elle, elle plaint en secourant. Elle ranime par ses exemples comme par ses paroles; elle a toutes les intrépidités, celle de la retraite de Russie, comme celle de la mêlée d'Eylau et de Friedland. ***Aussi sait-elle les exploits d'un chacun*** (5); ***elle se rappelle de tous ceux qui ont illustré le régiment*** (6); elle était là, elle a tout vu; il y a quelqu'un qui se souvient des morts, qui parle d'eux, qui redit leurs noms qui s'oublient vite, ***et leur histoire digne de ne pas l'être*** (7). Les faits de guerre ne sont pas seuls restés dans son souvenir : elle s'amuse de tout; Dieu sait les bravos qui accueillent ses réminiscences héroïques; sous la pluie, sous les frimas, sa verve est plus animée que jamais. ***Et, ainsi parlant, elle verse son élexir bienfaisant*** (8).

CORRIGÉ RAISONNÉ

1. *Dont elle est non-seulement l'amazone.*	*Dont elle* EN *est non-seulement l'amazone* : périssologie; supprimez *en*.
2. *Elle* ENTEND *d'ailleurs parfaitement raillerie.*	*Elle entend... la raillerie*; il faut dire : *elle entend... raillerie*. En effet, *entendre raillerie* signifie savoir supporter la raillerie, ne point s'en fâcher, au lieu que *entendre la raillerie* veut dire entendre l'art de railler, savoir railler. On voit que le sens de certaines phrases peut changer entièrement par l'emploi ou l'omission de l'article.
3. *À quoi lui servirait de se fâcher* CONTRE *ceux qui la font vivre.*	*À quoi lui servirait de se fâcher avec ceux*, etc. : *se fâcher avec* n'est pas français; c'est *se fâcher contre* qu'il faut dire. *Se fâcher avec* sont des mots qui hurlent, comme dit Boileau, de se voir accouplés.
4. *Les hommes se portent secours les uns* AUX *autres.*	*Les hommes se portent secours, les uns* PORTENT SECOURS *aux autres* : voilà la construction pleine; mais, par ellipse, on dit : *les hommes se portent secours les uns* AUX *autres.*
5. *Aussi sait-elle les exploits de* CHACUN.	*Un chacun* n'est pas français; il faut dire simplement : *les exploits de* CHACUN.
6. *Elle* SE RAPPELLE	*Elle se rappelle de tous ceux*, etc.; il faut

tous ceux qui ont illustré le régiment. — dire : *elle se rappelle tous ceux, etc.*; la personne ou la chose rappelée doit toujours être complément direct.

7. *Et leur histoire, digne de ne pas* ÊTRE OUBLIÉE. — *Et leur histoire digne de ne pas l'être..*; De ne pas être quoi ? *oubliée* : ce participe ne se trouvant pas exprimé précédemment, la phrase est incorrecte. Dites : *et leur histoire, digne de ne pas être oubliée.*

8. *Et, ainsi parlant, elle verse son* ÉLIXIR *bienfaisant.* — *Elexir* est un barbarisme. (Acad.)

XXXIV

UN DOCTEUR D'UNE NOUVELLE ESPÈCE

L'aimable et la spirituelle (1) Marguerite de Navarre, sœur de François Ier, avait pour premier médecin un petit chien svelte, mignon, à l'œil noir, au poil fauve, qu'on appelait Raton. Quand elle allait dîner en ville, Raton l'accompagnait toujours. Elle le plaçait près de son assiette dans une petite corbeille, au fond de laquelle était une jolie *serviette à linteaux* (2). Raton laissait passer, sans rien dire, le potage, la pièce de veau, le rôti ; mais dès que sa maîtresse faisait semblant de toucher aux ragoûts, il grommelait, la *fixait* (3) et les lui interdisait. C'était un colloque animé, sentimental, où, après bien des remontrances, il obtenait toujours pleine obéissance. Quelques entremets n'éveillaient pas toute sa sévérité; mais il y en avait qu'il proscrivait absolument, surtout quand ils *flairaient* (4) un peu fort, et qu'une odeur d'épices annonçait quelque danger. Le docteur jappant voyait, de sa petite corbeille, passer et se succéder *les uns les autres* (5) tous les services, sans rien prendre pour lui, sans convoiter même un os de poulet : ce n'était point, comme on le voit, un médecin prêchant la tempérance et *ne dînant qu'avec des côtelettes ou des biftecks* (6); mais, voyait-il arriver le dessert, il sautait sur la nappe, courait çà et là, rendant ses hommages *aux dames et demoiselles* (7), leur riant gentiment, et, pour prix de ses caresses, recevant force macarons, dont deux ou trois suffisaient à son appétit.

—

CORRIGÉ RAISONNÉ

1. *L'aimable et spirituelle Marguerite.*	Il ne s'agit ici que d'une seule et même personne, tout à la fois *aimable* et *spirituelle* ; il ne faut donc pas répéter l'article.
2. *Serviettes à* LITEAUX.	*Liteaux*, nom masculin pluriel, se dit des raies colorées qui traversent certaines toiles d'une lisière à l'autre : il n'y a que les pièces de toile pleine, destinées à faire des nappes et des serviettes, qui aient des *liteaux*. (Acad.) *Linteau* est la pièce de bois qui se met en travers au-dessus de l'ouverture d'une porte ou d'une fenêtre pour soutenir la maçonnerie : ainsi, lorsqu'on veut parler de serviettes, de nappes, on a tort de dire : *serviettes à* LINTEAUX.
3. *La regardait.*	*Fixer* veut dire arrêter, rendre stable ; mais il ne peut jamais s'employer dans le sens de *regarder*.
4. *Fleuraient.*	Il ne faut pas confondre *flairer*, sentir par l'odorat : FLAIREZ *cette rose*, avec *fleurer*, répandre une odeur : *cela* FLEURE *bon*. (Acad.)
5. *Les uns* AUX *autres.*	*Les uns succédaient* AUX *autres* : *succéder* veut un complément indirect précédé de la préposition *à*.
6. *Ne dînant que* DE *côtelettes ou* DE *biftecks.*	*Dîner*, *déjeuner*, etc., veulent AVEC avant un nom de personne : *dîner* AVEC *un ami* ; et DE avant un nom de chose : *dîner* D'*un pâté*, *déjeuner* DE *café*. (Acad.)
7. AUX *dames et* AUX *demoiselles.*	L'article se répète avant chaque nom pris dans un sens déterminé.

XXXV

LA BRUYÈRE

La Bruyère est un excellent moraliste et un des meilleurs écrivains que nous *avons eus* (1). Il n'est aucun livre qui *contient* (2) autant de pensées en si peu de pages. Je ne sache aucun auteur qui *a entendu* (3) mieux que lui la satire. Ses *Caractères* sont des chefs-d'œuvre; il a puisé *leur* (4) idée dans un auteur grec. Les portraits qu'il a tracés sont *si tellement* (5) frappants, qu'il semble que vous les *voyez* (6); ils sont pour ainsi dire parlants, tant est grande la vivacité de son style! En quelques lignes, il met ses personnages en scène de vingt manières différentes, et, en moins d'une page, il épuise tous les traits d'une ressemblance morale. Il n'est pas d'écrivain qui *a imaginé* (7) plus d'expressions nouvelles, qui *a créé* (8) plus de fortes et piquantes tournures que lui. Merveilleuse est sa concision. Quoiqu'il *va* (9) vite, vous le suivez sans peine; il a un art particulier pour laisser souvent dans sa pensée une espèce de réticence qui ne produit pas l'embarras de comprendre, mais le plaisir de deviner; en sorte qu'il fait, en écrivant, ce qu'un ancien prescrivait pour la conversation : il vous laisse content de votre esprit *davantage* (10) que du sien.

—

CORRIGÉ RAISONNÉ

1. AVONS *eus*. | *Avons eus :* passé indéfini, par conséquent 3e temps du subjonctif. Dans cette phrase et dans leurs analogues, on emploie le subjonctif, quoique l'idée qu'exprime le verbe de la

proposition subordonnée tienne plus de l'affirmation que du doute. En voici, je crois, la raison : l'expression *un des meilleurs écrivains*, etc., qui précède le verbe au subjonctif, étant trop absolue et pouvant éprouver quelque contradiction, on modifie, on affaiblit l'assertion par l'emploi du mode subjonctif : c'est une sorte de contre-poids jeté dans la balance du jugement.

2. *Qui* CONTIENNE. — On veut exprimer un présent ; c'est, par conséquent, du 1er temps du subjonctif qu'il faut faire usage.

3. *Qui* AIT *entendu*. — C'est bien le 3e temps du subjonctif qu'il faut employer ici, puisqu'on veut exprimer un passé indéfini.

4. *Il* EN *a puisé l'idée*. — *Il a puisé leur idée...* : ici, *leur* est mal construit, car il n'est pas en rapport avec le sujet de la proposition dans laquelle il se trouve ; il faut le remplacer par *en*.

5. SI *frappants*. — *Si tellement :* périssologie ; *si* et *tellement* exprimant ici la même idée, il faut supprimer un de ces mots.

6. *Voyiez*. — *Il semble* veut le verbe de la proposition subordonnée au subjonctif. Il faut, d'ailleurs, employer le 1er temps de ce mode, puisqu'on veut exprimer un présent.

7. *Qui* AIT *imaginé*. — *A imaginé :* passé indéfini, par conséquent 3e temps du subjonctif.

8. *Qui* AIT *créé*. — *A créé :* passé indéfini, par conséquent encore 3e temps du subjonctif.

9. *Aille*. — *Quoiqu'il va...* : présent, par conséquent 1er temps du subjonctif.

10. *Plus*. — *Davantage* était autrefois suivi de *que*, mais aujourd'hui c'est un adverbe qui s'emploie absolument ; en faire usage autrement, c'est faire un solécisme.

XXXVI

LA GRANDE-CHARTREUSE

Elle est située à vingt-quatre kilomètres et demi envi-ron de Grenoble, *au milieu d'une aride et d'une profond vallée* (1) que forment les Alpes. *On y arrive qu'en sui-vant* (2) péniblement un sentier plein de cailloux e bordé d'affreux précipices. Deux rochers coupés pres-que à pic forment l'entrée du désert où se sont établis le religieux. La situation du monastère, que l'on aperçoi seulement lorsqu'on est *prêt à* (3) arriver, a quelqu chose d'effrayant pour d'autres que pour des gens qui détachés du monde et des intérêts de la terre, ne s'occu-pent plus que d'une autre patrie. Mais les religieux qui s sont arrogé le triste privilége d'occuper cette vallée dé-serte, l'ont transformée en un pays sinon riant, *au moins* (4) habitable. Lorsqu'on se représente l'état des environs de la Grande-Chartreuse à l'époque où saint Bruno s'y retira, et qu'on le compare à l'état actuel, on ne saurait s'empêcher d'admirer le zèle dont étaient animés ces pieux cénobites. Quelle prodigieuse quantité d'ob-stacles la nature n'avait-elle pas opposés, comme à des-sein, aux travaux des infatigables religieux ! On s'étonne en pensant aux rochers qu'il leur a fallu faire sauter, aux terres qu'ils ont eu à soutenir, aux torrents épandus sur tout le désert qu'ils ont resserrés et dirigés, aux pierres et aux terres *desquelles* (5) ils se sont débarrassés. Le sort même semblait se plaire à contrarier leur patiente industrie : huit fois la Grande-Chartreuse *a été consom-mée* (6) par le feu ; huit fois les religieux l'ont rebâtie sans se laisser déconcerter un seul instant. Le cloître, vet les cellules des solitaires, occupe un espace qu'on value à deux cents mètres de long. Il y a quatre-vingts ellules, au moins, près desquelles coulent des ruisseaux 'une eau *aussi froide comme* (7) la glace. La sortie du ésert, de même que l'entrée, se trouve fermée par deux normes rochers qui en sont comme les portes naturelles. quelque deux cents mètres de là, toutes les eaux, réu- iies dans un même lit, se précipitent *en bouillonnant et ormant* (8) une cascade majestueuse qui termine cette rande scène, et met le comble au ravissement auquel 'âme du voyageur s'était déjà laissée aller.

—

CORRIGÉ RAISONNÉ

1. *Au milieu d'une ride et profonde vallée.*	Il ne s'agit ici que d'une seule vallée, tout à la fois *aride et profonde;* il ne faut donc qu'un seul déterminatif.
2. *On* N'Y *arrive qu'en uivant.*	La première partie *ne* de la locution adverbiale *ne... que,* manque évidemment ici; elle a été supprimée à dessein; mais, après *on,* l'élève pourrait bien l'oublier, s'il n'avait soin de s'assurer que le sens de la phrase est négatif.
3. *Près de.*	Il ne faut pas confondre PRÊT À, qui signifie *disposé à, préparé à : il est* PRÊT À *partir,* avec la locution prépositive PRÈS DE, *sur le point de : il est* PRÈS DE *partir.* C'est évidemment *près de* qu'il faut employer.
4. *Du moins.*	*Au moins* signifie pour le moins : cet homme sera général, ou *au moins* colonel. *Du moins* n'est généralement qu'un simple correctif de l'idée précédemment exprimée : s'il n'est pas parvenu au grade de général, il est *du moins* colonel. Il résulte de là que c'est *du moins* qui convient ici.
5. *Dont.*	C'est *dont* qu'il faut employer dans cette phrase, parce qu'il n'y a pas d'équivoque à éviter.
6. *A été* CONSUMÉE.	Il ne faut pas confondre *consommer* et *consumer.*

	Consommer veut dire *achever, accompli[r]*; il se dit aussi des choses qui se détruisent p[ar] l'usage, comme vin, bois et toutes sortes [de] provisions. *Consumer* se dit proprement du feu, [e]t par analogie, du temps, du mal : le feu *co[n]suma* l'édifice. (Acad.)
7. *Aussi froide* QUE.	La conjonction *comme* formerait une péri[s]sologie, l'idée de comparaison étant déjà e[x]primée par *aussi*.
8. *En bouillonnant et* EN *formant*.	Les prépositions d'une seule syllabe se r[é]pètent avant chaque second terme du rappo[rt] qu'elles établissent.

XXXVII

UN PARI

Un duc de Florence avait à sa cour un bouffon *renom[]mé par ses facéties* (1). Ce maître bouffon savait toujour[s] tirer un parti avantageux de ses paris, quelque hasardé[s] qu'ils fussent. Un jour qu'il se trouvait au dîner du duc[,] on vint à demander quelle était à Florence la profession l[a] plus nombreuse : les sentiments furent partagés. Le du[c] ayant adressé la parole à son fou : « Monseigneur, lu[i] répondit *celui-là* (2), ce sont les médecins. — Il faut qu[e] tu connaisses bien mal la ville de Florence pour parle[r] ainsi, répondit le duc ; car à peine y a-t-il *trois à quatre* (3) médecins. » Le fou étaye le mieux qu'il peut son opinion[;] on parie. Que fait notre bouffon? Il va chez lui, *s'enve-loppe sa tête* (4) d'un bonnet de laine et porte à sa bouche un *mouchoir ployé* (5), à l'instar d'un homme qui souffre des dents ; puis il s'installe dans l'antichambre du duc. Tous ceux *qui entrent et sortent du palais* (6) *lui deman-dent ce qu'il a en passant* (7), et lui enseignent un re-

ède. Ce bouffon a soin d'écrire les noms de tous ces
i-disant médecins, et les remèdes qu'ils lui ont indiqués.
e duc, étant venu à passer, le plaint aussi sur son mal,
lui conseille un remède *que* (8) plusieurs personnes de
cour se sont servies avec succès. Notre malade le re-
ercie et se retire. Le lendemain, il vint, comme s'il eût
é guéri, faire sa cour au duc, et lui dit qu'il croyait
ouvoir assurer avoir gagné (9) le pari. En même temps,
lui présenta une longue liste sur laquelle étaient inscrits
us ceux qui lui avaient indiqué un remède pour son
al de dents. Le duc, prenant cette liste et s'y voyant
gurer en tête, ne put s'empêcher de rire et d'avouer
ue c'étaient les médecins qui étaient en plus grand
ombre à Florence, et peut-être partout ailleurs. Il fit en
nséquence donner à son bouffon le montant de son
ari.

—

CORRIGÉ RAISONNÉ

1. *Renommé* POUR *ses* *céties.*	L'idée qu'on veut exprimer ici, c'est *à cause de : il était renommé* À CAUSE DE *ses facéties ;* c'est, par conséquent, *pour* qui a le même sens, et non *par* qu'il faut employer.
2. *Celui-ci.*	*Celui-ci* se rapporte toujours à la personne qui a été nommée la dernière.
3. *Trois* OU *quatre* *édecins.*	Entre *trois* et *quatre* médecins, il n'y a pas de subdivision intermédiaire possible ; c'est donc *ou* et non *à* qu'il faut employer.
4. *S'enveloppe* LA *tête.*	S'*enveloppe* SA *tête ;* périssologie, l'idée de possession étant exprimée par *se* et par *sa ;* il suffit de dire : *s'enveloppe* LA *tête ;* on comprend bien que c'est la sienne.
Mouchoir PLIÉ.	Il ne faut pas confondre *ployer* et *plier*. *Ployer* s'emploie en parlant des corps raides qui fléchissent avec peine sous l'effort : PLOYER *une branche d'arbre ; plier* se dit des choses qui se plient facilement et qui gardent leur pli : PLIER *une serviette, un mouchoir*, etc.

6. *Qui entrent* DANS *le palais ou qui* EN *sortent.*	On dit *entrer dans* et *sortir de*; il fa[ut] donc donner à chacun de ces verbes un co[m]plément particulier.
7. *Lui demandent*, EN PASSANT, *ce qu'il a.*	*Lui demandent ce qu'il a en passant.* [La] construction de ce membre de phrase [est] équivoque ; on corrige aisément cette fau[te] en plaçant *en passant* après *demandent*.
8. *Dont.*	On dit SE SERVIR *de quelque chose*; il fa[ut] donc remplacer *que* par *dont*, qui équivaut [à] la préposition *de* suivie d'un nom : *plusieu[rs] personnes se sont servies* D'UN REMÈDE, etc.
9. *Qu'il croyait avoir gagné son pari.*	*Pouvoir assurer avoir gagné* ; trois [ou] quatre infinitifs placés ainsi en cascade pr[o]duisent une véritable cacophonie, qu'il fa[ut] éviter avec soin.

XXXVIII

LES DIGUES DE LA HOLLANDE

Les Hollandais ont apporté dans la confection de leur[s] digues l'économie et le soin qu'ils ont appliqués à tou[s] leurs travaux. *Ils ont suppléé la pierre* (1), que la natur[e] a refusée à leur pays, par des fascines de roseaux ou d[e] saule placées par couches d'un demi-mètre d'épaisseur et disposées de telle façon qu'une couche *soit* (2) horizontale et l'autre perpendiculaire au courant. Ces fascines dont les intervalles sont garnis de sable, sont contenue[s] par une série de pieux qui les traversent. Le peu d[e] pierres qu'ils se sont procurées, en allant les cherche[r] en Norwége, ont servi à consolider l'ouvrage par leu[r] poids, et à faciliter la circulation des voitures sur la parti[e] *le plus élevée* (3).

C'est un admirable travail que celui des digues qu'on[t] établies les Hollandais; mais c'est un effrayant spectacle que celui d'une mer ouverte, luttant de son poids immense et de la fureur des *tempêtes orageuses* (4) contre les amas de fagots couverts de sable, et menaçant d'un irrémédiable cataclysme une population de quatre millions et demi d'âmes, qui vit aussi rassurée que si elle habitait les cimes du mont Blanc ou des Cordillières. Le déplacement d'une fascine, que dis-je? l'ouverture inaperçue d'un trou de rat suffirait pour amener la catastrophe; et l'on n'y songe point; ou, si l'on y songe, c'est pour la *prévenir d'avance* (5), nullement pour s'en effrayer. A trois mètres et demi environ au-dessous du niveau de la mer, on circule, on mange, on boit, on rit, on trafique, on ne pense qu'à *trésoriser* (6). Voilà le monde!...

CORRIGÉ RAISONNÉ

1. *Ils ont* SUPPLÉÉ À *la pierre.*	Il faut dire : *ils* ONT SUPPLÉÉ À *la pierre*, et *non : ils* ONT SUPPLÉÉ *la pierre*. En effet, *suppléer une chose*, c'est remplacer ce qui manque en fournissant une chose de la même nature : *ce sac doit être de mille francs; s'il y a cent francs de moins, je les* SUPPLÉERAI. SUPPLÉER À *une chose*, c'est en tenir lieu en fournissant l'équivalent : *la valeur* SUPPLÉE AU *nombre*. On dit *suppléer quelqu'un*, et jamais *suppléer à quelqu'un*.
2. *Fût.*	*De telle façon qu'une couche* SERAIT : conditionnel futur; par conséquent, 2e temps du subjonctif.
3. LA *plus élevée.*	On emploie *le plus, la plus, les plus*, avant un adjectif, quand il y a, comme dans cette phrase, comparaison avec d'autres personnes ou d'autres choses; dans le cas contraire, on emploie *le plus*.
4. *Des tempêtes contre des amas.*	*Tempêtes orageuses* : périssologie de la pire espèce, toutes les tempêtes étant *orageuses*.

5. *Pour la* PRÉVENIR, *nullement pour s'en effrayer.*	*Prévenir d'avance :* périssologie, *pré*, da *prévenir*, signifiant d'avance.
6. *Thésauriser.*	*Trésoriser* est un barbarisme.

XXXIX

LES RUINES DE CARTHAGE

C'est du sommet de Byrsa d'où (1) l'œil embrasse l ruines de Carthage : elles ressemblent à celles de Spart et n'ont rien de bien conservé; mais j'*observerai* (2) ceux qui les ont visitées qu'elles occupent une étend plus *conséquente* (3) qu'ils ne l'ont généralement pens Je les ai vues au mois de février : les figuiers, les olivie et les caroubiers étaient déjà parés de leurs premièr feuilles; de grandes angéliques et des acanthes formaie des touffes de verdure *entre* (4) les débris de marbres d toutes les couleurs. Au loin, je promenais mes regard sur l'isthme, sur une double mer, sur des îles spacieuse sur une campagne riante, sur de beaux lacs bleus, su des montagnes azurées; je découvrais des forêts, des vais seaux, des aqueducs, des villages maures, des ermitage mahométans, des minarets et les maisons blanches d Tunis. Au-dessus de ma tête volaient des milliers de san sonnets, réunis en bataillons et ressemblant à ces nuage que vous avez vus obscurcir les airs. Environné des plu grands et des plus touchants souvenirs, *je me rappelai de Didon, de Sophonisbe* (5), la noble épouse d'Asdrubal je contemplais les vastes plaines où sont ensevelies le légions d'Annibal, de Scipion et de César; mes yeux vou laient reconnaître l'emplacement d'Utique. Hélas ! le débris *de* (6) palais qu'avait élevés Tibère dans l'île de Caprée existent encore, et l'on cherche en vain à Utique la place de la maison de Caton ! Enfin, les terribles Vandales, les légers Maures se succédaient *les uns les autres* (7) dans ma mémoire, qui m'offrait pour dernier tableau saint Louis expirant sur les débris de Carthage.

CORRIGÉ RAISONNÉ

1. *C'est du sommet de Byrsa* QUE *l'œil embrasse.*	*C'est* DU... D'*où* : périssologie, le même rapport de lieu étant exprimé deux fois ; on corrige aisément cette faute en remplaçant *d'où* par la conjonction *que*, qui exprime simplement le rapport des deux propositions entre elles.
2. *Je ferai observer.*	*Observer* signifie *remarquer, considérer* : *observer les astres, observer les hommes.* De même qu'on ne dit pas : *je vous remarque que*, on ne doit pas dire : *je vous observe que* ; il faut dire : *je vous fais observer que*, comme on dit : *je vous fais remarquer que.*
3. *Considérable.*	*Conséquent* veut dire qui est d'accord avec soi-même dans toutes ses parties. On dit qu'un homme est *conséquent*, lorsque sa conduite est d'accord avec ses principes. Dans toute autre signification, le mot *conséquent* est mal employé, et c'est faire une faute que de dire, dans le sens d'*important*, de *considérable* : *ce marché est* CONSÉQUENT, *cette maison est* CONSÉQUENTE. Ce style est barbare. Il faut dire : *ce marché est* CONSIDÉRABLE, *important.*
4. *Parmi.*	*Entre* signifie *au milieu de* ; c'est pour cela, selon l'Académie, que ce mot ne se dit généralement que de deux personnes ou de deux choses : *il était* ENTRE *nous deux* ; *flotter* ENTRE *la crainte et l'espérance.* (Acad.) On dit cependant : ENTRE *nous*, ENTRE *eux.* PARMI signifie *dans le nombre de* ; il est moins précis que ENTRE, et, pour cette raison, il ne se met qu'avant un pluriel ou un nom collectif : PARMI *les débris*, PARMI *la foule.*
5. *Je me rappelais Didon, Sophonisbe.*	*Se rappeler de* quelqu'un, de quelque chose est une expression incorrecte ; on *rappelle*

	quelqu'un, quelque chose à son esprit. L'*obj[et] rappelé* doit toujours être complément dire[ct] du verbe.
6. *Les débris* DES *palais.*	Il faut employer l'article *des* (*de les*), parc[e] que le nom *palais* est déterminé par *q[ue] Tibère avait élevés dans l'île de Caprée.*
7. *Les uns* AUX *autres.*	*Les terribles Vandales, les légers Maur[es]* SE SUCCÉDAIENT; les uns (SUCCÉDAIENT) aux au[tres] : c'est une ellipse; *succéder* veut d'ai[l]leurs un complément indirect précédé de l[a] préposition *à*.

XL

VERSAILLES

Le château de Versailles est beau, surtout quand l'au[-]tomne est venu souffler de sa tiède haleine sur la feuill[e] qu'il a jaunie et détachée de la branche. Quand toute verdure a cessé, *que tous les oiseaux se sont tus et ne chantent plus* (1), que les eaux se sont endormies dans leurs tuyaux de plomb, que ces touffes de buis, que Le Nôtre a travaillées en pyramides factices, jettent seules sur tout cet ensemble *leur languissante et leur monotone verdure* (2); quand cette innombrable quantité de statues de marbre et de bronze qui peuplent le parc apparaissent toutes nues et toutes froides *au travers des* (3) charmilles dépouillées, alors seulement, au milieu de cette désolation des jardins, qui se marie si bien avec le silence du palais, le château de Versailles vous apparaît dans toute son historique beauté. Il est grand, il est froid, il est solennel. *Levez la tête en haut* (4) : Louis XIV va peut-être se mettre à son balcon de marbre. Écoutez : n'entendez-vous pas Bossuet qui se promène dans l'allée des Philosophes? De tous les châteaux que j'ai visités, celui de

Versailles est le seul qui perde sa beauté au printemps, quand la nature sort de sa léthargie, que le soleil est haud, que l'eau murmure, que l'oiseau chante dans l'air. Mais aussi, quand dans ces vastes jardins ne règnent plus que la désolation et le silence, que la lune se lève dans le ciel, jetant une clarté mourante sur ces arbres demi-morts, enveloppant *de son profond et de son éternel silence* (5) tout ce grand silence royal, quel bonheur de parcourir seul ces immenses allées! quelle joie d'être seul à se perdre dans ces mille et un méandres, à contempler ces arbres tout ridés, à poser son pied sur ce sable qu'ont effleuré tant de pieds légers! quel orgueil de se dire : *À cette heure-ici* (6), me voilà l'héritier de Louis XIV; à cette heure, je suis assis sur ce même banc de pierre où la reine Marie-Antoinette est venue tant de fois s'asseoir *pour entendre et jouir* (7) d'une belle soirée d'été et des sons lointains du cor répétés par les échos.

—

CORRIGÉ RAISONNÉ

1. *Que tous les oiseaux se sont tus, que les eaux se sont endormies.*	*Que les oiseaux se sont tus* ET NE CHANTENT PLUS. Puisque *les oiseaux se sont tus,* il est clair *qu'ils ne chantent plus.* Ces sortes de périssologies sont les plus vicieuses, en ce qu'elles tombent dans ce qu'on appelle le *style niais.*
2. LEUR *languissante et monotone verdure.*	Il ne s'agit ici que d'une seule verdure, tout à la fois *languissante* et *monotone :* il n'y a qu'un seul nom, il ne faut donc qu'un seul adjectif déterminatif.
3. À TRAVERS *les charmilles.*	AU TRAVERS DE suppose des obstacles : AU TRAVERS DES *périls un grand cœur se fait jour;* À TRAVERS n'en suppose pas : *j'aime à me promener* À TRAVERS LES *champs.* C'est évidemment la seconde expression qui convient ici.
4. *Levez la tête.*	*Levez la tête en haut :* périssologie ; il faut supprimer *en haut,* qui n'ajoute rien à la pensée.

5. *De* SON *profond et éternel silence.*	Ici encore, il ne s'agit que d'un seul et mêm silence, à la fois *profond* et *éternel ;* il n faut donc qu'un seul déterminatif.
6. *À cette heure-*CI.	Beaucoup de personnes font la faute d dire : *Cet homme-*ICI, *ce moment-*ICI ; il fau dire : *cet homme-*CI, *ce moment-*CI.
7. *Pour* JOUIR *d'une belle soirée d'été, et* ENTENDRE *les sons lointains du cor répétés par les échos.*	On dit JOUIR DE *quelque chose,* et ENTENDR *quelque chose :* il faut donc donner à chacu de ces verbes le complément qui lui convient

---

XLI

FOLLES OPINIONS RELATIVES AUX ÉCLIPSES

Les habitants des Indes orientales croyaient autrefois que, quand le soleil et la lune s'éclipsaient, c'était parce qu'un dragon, qui avait les griffes fort noires, les étendait sur ces astres *qu'il voulait se saisir* (1) ; et vous voyiez durant tout ce temps-là les rivières couvertes de têtes d'Indiens qui s'étaient plongés dans l'eau jusqu'au cou, parce que, selon une opinion qui s'était accréditée chez eux, c'était une situation très-propre à obtenir du soleil et de la lune qu'ils *se défendent* (2) bien contre le dragon. En Amérique, on était persuadé que le soleil et la lune, quand ils s'éclipsaient, étaient *fâchés avec* (3) les habitants de la terre, et Dieu sait ce qu'on ne faisait pas pour se raccommoder avec eux ! Les Grecs eux-mêmes, tout raffinés qu'ils étaient, ne se sont-ils pas longtemps figuré que la lune était ensorcelée, et que des magiciennes la faisaient descendre du ciel pour qu'elle *jette* (4) sur les herbes une écume malfaisante ? Et, nous-mêmes, ne nous sommes-nous pas laissés aller à la plus grande frayeur lors de l'éclipse totale de soleil que nous avons eue en mil six cent cinquante-quatre? Une infinité de gens ne se sont-ils pas tenus enfermés dans des caves? En vérité, tout cela est trop honteux pour les hommes : il devrait y avoir un arrêt du genre humain qui *défende* (5) de parler jamais d'éclipse, de peur que l'on ne *conserve* (6) la mémoire des sottises que les hommes ont faites ou dites sur ce chapitre-là. Mais ne faudrait-il pas aussi que le même arrêt *abolisse* (7) la mémoire de toutes choses, et *défende* (8) de parler jamais de rien? car je ne sache rien au monde qui ne soit le monument de quelque sottise des hommes.

CORRIGÉ RAISONNÉ

1. DONT *il voulait se saisir.*	*Se saisir* veut un complément indirect précédé de la préposition *de;* il faut donc remplacer *que* par *dont,* pronom conjonctif, qui équivaut ici à *desquels* (des astres).
2. *Se défendissent.*	*Se défendent* est pour *se défendraient :* conditionnel futur; par conséquent, 2e temps du subjonctif.
3. *Fâchés* CONTRE.	*Fâchés* AVEC : voilà, pour me servir d'une expression de Boileau, deux mots *qui jurent de se voir accouplés;* c'est *fâchés* CONTRE qu'il faut dire.
4. *Jetât.*	*Jette* est employé ici dans le sens de *jetterait :* c'est donc un conditionnel futur qu'on veut exprimer, et, par conséquent, le 2e temps du subjonctif qu'il faut employer.
5. *Défendît*	*Défende* est ici pour *défendrait :* conditionnel futur, d'où le 2e temps du subjonctif.
6. *Conservât.*	*Conserve* est évidemment pour *conserverait :* c'est donc encore le 2e temps du subjonctif qui convient ici.
7. *Abolît.*	*Abolisse* pour *abolirait :* même raisonnement que pour la correction précédente.
8. *Défendît.*	*Défende* signifie ici *défendrait :* même raisonnement encore.

XLII

LES CHIENS DE LA SIBÉRIE

Qui n'a entendu parler des chiens de la Sibérie? Quelque tribut d'éloges *que l'on leur* (1) ait payé, on n'a pas célébré assez encore leur instinct ou plutôt leur intelligence, leur dévouement, leurs services, leur générosité même. Ces animaux servent à la fois aux Samoïèdes de bêtes de somme et de bêtes de trait. *Ils manifestent et font preuve d'une patience incroyable et d'une vigueur étonnante* (2), et on les a vus transporter de lourds fardeaux à des distances prodigieuses. On les attelle à des traîneaux. D'une agilité que n'ont jamais égalée nos coursiers mêmes, ils se frayent des issues au travers des routes les plus escarpées. Ils ne font qu'effleurer le sol, et passent avec une rapidité inouïe sur la neige sans jamais l'enfoncer. *Aussi sobres comme laborieux* (3), ils se nourrissent de quelques poissons qu'on a laissés mariner, et qu'on a ensuite mis en réserve. Mais une chose qu'on n'a pas *assez suffisamment* (4) admirée, *est* (5) l'habitude qu'ont ces bons chiens de rester libres et livrés à eux-mêmes pendant tout l'été. Tant qu'on n'a pas besoin de leur assistance, ils vivent de la seule industrie qu'ils ont reçue de la nature. Ce n'est qu'à un signal qu'on leur donne, après l'*apparution* (6) des premiers froids, qu'ils accourent affectueusement près de leurs maîtres, pour leur rendre tous les services *que* (7) ceux-ci ont besoin. Ils les dirigent pendant les plus noires ténèbres de la nuit, et au milieu des plus affreux orages. Quand les Samoïèdes tombent engourdis sur la terre couverte de frimas, leurs chiens viennent les couvrir de leur corps, et bientôt ils les ont réchauffés en leur communiquant leur chaleur naturelle. Or, que fait l'homme pour tant de bons offices qu'il a reçus? Il attend que ces animaux deviennent vieux *pour exiger et se revêtir de leur peau* (8) !...

—

CORRIGÉ RAISONNÉ

1. *Qu'on leur.*	Il ne faut point employer *l'on* avant la consonne *l*, comme dans : que *l'on leur* ait payé. *L'on leur* forme une véritable cacophonie qu'il faut éviter avec soin.
2. *Ils manifestent une patience incroyable, et font preuve d'une vigueur étonnante.*	On dit *manifester quelque chose* et *faire preuve* de quelque chose. Il faut donner à chacun de ces verbes le complément qui lui convient.
3. *Aussi sobres* QUE *laborieux.*	AUSSI *sobres* COMME *laborieux :* périssologie : l'idée de comparaison étant exprimée par *aussi*, n'a pas besoin de l'être une seconde fois par *comme*. On corrige cette faute en remplaçant *comme* par la conjonction *que*, qui joint simplement les deux termes de la comparaison.
4. *Assez.*	*Assez suffisamment :* périssologie, chacun de ces mots exprimant la même idée ; il faut supprimer l'un ou l'autre.
5. *C'est.*	Avant le verbe *être*, on emploie le pronom *ce*, pour donner à la phrase plus de clarté et de précision, toutes les fois que ce qui précède ce verbe figure comme attribut et a une certaine étendue. On reconnaît que ce qui précède le verbe *être* figure comme attribut quand on peut le placer après le verbe, et mettre avant celui-ci ce qui se trouve après : *L'habitude qu'ont ces chiens de rester libres...* EST *une chose qu'on n'a pas assez admirée.* *Ce*, dans ces sortes de phrases, est un sujet explétif.
6. *Apparition.*	*Apparution* est un barbarisme.
7. *Dont.*	On dit *avoir besoin de* quelque chose; il faut donc remplacer *que* par *dont*, pronom qui est toujours complément indirect, et qui équivaut ici à *desquels*.

8. *Pour exiger leur peau et s'*EN *revêtir.*	*Exiger* veut un complément direct, et *se revêtir* un complément indirect annoncé par la préposition *de* (*en* équivaut à *de cela, de la peau*) : il faut donc donner à chacun de ces verbes un complément particulier.

XLIII

L'ÉGYPTE ANCIENNE

L'Égypte était le plus beau pays de l'univers, et il n'y avait rien que de grand dans les desseins et dans les travaux de ses habitants. Ce qu'ils ont fait du Nil est incroyable. *Il pleut rarement en Égypte; mais ce fleuve qui l'arrose* (1) tout entière par ses débordements réglés, lui apporte les pluies et les neiges des autres contrées. Pour multiplier un fleuve *aussi bienfaisant* (2), les Égyptiens avaient sillonné leur pays d'une infinité de canaux d'une longueur et d'une largeur incroyables. Le Nil portait partout la fécondité, unissait les villes entre elles, et la Méditerranée avec la mer Rouge entretenait le commerce *dans et à l'extérieur du royaume* (3), et le fortifiait contre l'ennemi; de sorte qu'il était tout ensemble et le nourricier et le défenseur de l'Égypte. On lui abandonnait la campagne; mais les villes, rehaussées au moyen de travaux immenses, et s'élevant comme des îles au milieu des eaux, regardaient avec joie de cette hauteur la plaine inondée et tout ensemble fertilisée par le Nil. Lorsqu'il s'enflait outre mesure, de vastes lacs qu'on avait creusés à dessein tendaient leur sein aux eaux répandues. Ils avaient leurs décharges préparées: de grandes écluses *les ouvraient ou fermaient* (4) selon le besoin, *et les eaux ayant leur retraite, elles ne séjournaient* (5) sur les terres qu'autant qu'il fallait pour les engraisser. Tel était l'usage du lac Mœris, dont le circuit n'avait pas moins de cent quatre-vingts de nos lieues. Deux pyramides s'élevaient de trois cents pieds au milieu de ce lac, et occupaient sous les eaux un pareil espace, faisant voir qu'on les avait érigées avant que le creux *soit* (6) rempli, et montrant qu'un lac de cette étendue avait été fait de main d'homme.

CORRIGÉ RAISONNÉ

1. *Il pleut rarement dans* L'*Egypte; mais ce fleuve qui* L'*arrose.*	*Il pleut rarement en Égypte; mais ce fleuve qui* L'*arrose :* expression incorrecte. Le pronom personnel L' (*le*) ne peut remplacer qu'un nom déterminé; or, *Égypte* est pris dans un sens indéterminé. Il faut dire : *Il pleut rarement dans* L'*Égypte; mais ce fleuve qui* L'*arrose*, etc.
2. SI *bienfaisant.*	AUSSI *bienfaisant*; il faut dire : SI *bienfaisant*, car c'est une idée d'extension et non de comparaison qu'on veut exprimer.
3. À L'INTÉRIEUR *et à l'extérieur du royaume.*	On ne peut pas dire : *dans et à l'intérieur du royaume*, la préposition *dans* voulant être suivie immédiatement du second terme du rapport qu'elle établit, et la locution prépositive *à l'intérieur* exigeant le mot *de*.
4. *Les ouvraient ou* LES *fermaient.*	Les pronoms personnels se répètent avant chaque verbe à un temps simple.
5. *Et les eaux ayant leur retraite, ne séjournaient.*	*Et les eaux ayant leur retraite,* ELLES *ne séjournaient*, etc.; le pronom *elles* forme une périssologie, le sujet du verbe *séjournaient* étant déjà exprimé par le nom *eaux*.
6. *Fût.*	*Le creux n'*ÉTAIT *pas rempli lorsqu'on les avait érigées :* imparfait, par conséquent, 2ᵉ temps du subjonctif.

XLIV

LE PAON

Si la beauté, et non la force, suffisait pour mériter l'empire, le paon serait, sans contredit, le roi des oiseaux. Il n'en est point, en effet, sur qui la nature ait versé ses trésors avec *davantage de profusion* (1) : taille grande et svelte, port imposant, démarche fière, figure noble, tout en lui révèle un être de distinction; une aigrette mobile et légère, peinte des plus riches couleurs, orne sa tête, l'ennoblit et l'élève *sans qu'elle la charge* (2); son incomparable plumage semble réunir tout ce qui a toujours flatté nos regards dans le coloris tendre et frais des fleurs même les plus belles, tout ce qui les a éblouis dans les reflets pétillants des pierreries, tout ce qui les a étonnés dans l'éclat majestueux de l'arc-en-ciel. La nature s'est plu à réunir sur le plumage du paon *non-seulement* toutes les couleurs du ciel et de la terre pour en faire le chef-d'œuvre de sa magnificence, *mais encore* (3) elle les a mêlées, assorties, nuancées, fondues de son inimitable pinceau, et en a fait un tableau unique, où elles tirent de leur mélange avec des nuances plus sombres et de leurs oppositions entre elles, un nouveau lustre et *des effets de la lumière* (4) si sublimes, que notre art ne les a jamais bien *imitées et décrites* (5). Mais ces plumes brillantes tombent chaque année; alors le paon, comme s'il sentait la honte de la perte qu'il a éprouvée, *craint qu'on le voie* (6) dans cet état humiliant, et cherche les lieux les plus retirés, les plus sombres même, pour s'y cacher à tous les yeux, jusqu'à ce qu'un nouveau printemps, lui rendant sa parure accoutumée, le *fait* (7) reparaître sur la scène pour y jouir des hommages dus à la beauté.

CORRIGÉ RAISONNÉ

1. PLUS *de profusion.* — *Davantage* est un adverbe après lequel on ne peut jamais mettre *de;* on ne peut donc pas dire : *davantage de profusion;* dans ce cas, il faut remplacer *davantage* par *plus.*

2. *Sans la charger.* — *Sans qu'elle la charge;* il vaut mieux dire : *sans la charger.* Lorsque l'emploi de l'infinitif ne présente rien d'équivoque, on doit préférer ce mode au subjonctif, qui rend le style diffus et languissant.

3. NON-SEULEMENT *la nature s'est plu à réunir sur le plumage du paon...* MAIS ENCORE *elle les a mêlées.* — On ne peut pas dire : *la nature s'est plu à réunir* NON-SEULEMENT *toutes les couleurs...* MAIS ENCORE *elle les a mêlées...* Les locutions *non-seulement, mais encore* doivent toujours précéder immédiatement les mots auxquels elles se rapportent par le sens.

4. *Des effets de lumière.* — *Des effets de* LA *lumière.* Il faut supprimer l'article *la,* le nom lumière n'étant pas pris dans un sens déterminé.

5. *Imitées* NI *décrites.* — *Imitées* et *décrites.* Il faut dire : *imitées* NI *décrites,* la conjonction *ni* servant à joindre ensemble deux propositions négatives ou deux termes semblables d'une proposition négative.

6. *Craint qu'on* NE *le voie.* — Après le verbe *craindre,* on emploie la négation *ne* lorsqu'on ne désire pas que la chose exprimée par le second verbe arrive.

7. *Fasse.* — La conjonction *jusqu'à ce que* veut le verbe de la proposition subordonnée au subjonctif. Dans cette phrase, il faut employer le premier temps de ce mode, parce qu'on veut exprimer un futur : *un nouveau printemps le* FERA *reparaître.*

XLV

PRISE DE JÉRUSALEM PAR LES CROISÉS

L'histoire a remarqué que les croisés entrèrent dans Jérusalem un vendredi, à trois heures de l'après-midi :

c'était *le jour et heure* (1) où le Christ *était expiré* (2) pour le salut des hommes. Cette coïncidence mémorable aurait dû les rappeler à des sentiments de miséricorde; mais, irrités par *les menaces et insultes* (3) dont les avaient abreuvés les Sarrasins; aigris par les maux qu'ils avaient soufferts durant les longs mois qu'avait duré le siége et par la résistance qu'ils avaient trouvée jusque dans la ville, ils inondèrent de sang et de deuil cette Jérusalem qu'ils avaient délivrée, et qu'ils regardaient comme leur future patrie. *L'imagination tout effrayée déplore et se détourne des scènes d'horreur* (4) qu'il y eut alors, pour contempler l'image touchante des chrétiens de Jérusalem dont les croisés avaient brisé les fers. A peine *ceux-là* (5) s'étaient emparés de la ville, qu'ils virent leurs coreligionnaires accourir au-devant d'eux, et partager avec leurs libérateurs le peu de vivres qu'ils avaient dérobés aux Sarrasins; tous remerciaient le Dieu qui les avait rendus victorieux. L'ermite Pierre qui, cinq ans auparavant, *les avait assurés* (6) qu'il armerait l'Occident pour la délivrance des fidèles de l'Orient, dut jouir alors du spectacle de leur reconnaissance et de leur joie. Les chrétiens de la ville sainte, au milieu de la foule des croisés, semblaient *ne s'inquiéter et ne chercher que le pieux cénobite* (7) qui les avait visités dans leurs souffrances, et dont toutes les promesses venaient d'être accomplies. Vous les eussiez vus se presser autour du vénérable ermite; *c'est à lui à qui s'adressaient leurs hymnes* (8); c'est lui qu'ils proclamaient leur libérateur; ils lui racontaient les maux qu'ils avaient eu à souffrir pendant son absence; ils pouvaient à peine croire ce qui se passait sous leurs yeux; et, dans leur enthousiasme, ils s'étonnaient que la Providence se fût servie d'un seul homme pour soulever tant de nations et y opérer tant de prodiges.

—

CORRIGÉ RAISONNÉ

1. LE *jour et* L'*heure*.	L'article se répète avant chaque nom pris dans un sens déterminé.
2. AVAIT *expiré*.	Appliqué aux personnes, *expirer* se conjugue avec *avoir*.
3. LES *menaces et* LES *insultes*.	Les noms *menaces* et *insultes* sont déterminés par la proposition *dont les avaient abreuvés les Sarrasins*; ils doivent donc être précédés l'un et l'autre de l'article *les*.
4. *L'imagination déplore les scènes d'horreur qu'il y eut alors, et* S'EN *détourne tout effrayée*.	On DÉPLORE *quelque chose*, et l'on SE DÉTOURNE DE *quelque chose*; il faut donner à chacun de ces verbes le complément qui lui est propre.
5. *Ceux*-CI.	*Ceux*-LÀ... Ce pronom rappelle les personnes ou les choses dont on a parlé en premier; *ceux*-CI, celles dont on a parlé en dernier; or, dans cette phrase, on veut rappeler l'idée des *croisés* : c'est donc du pronom *ceux*-CI qu'il faut se servir.
6. LEUR AVAIT ASSURÉ *qu'il armerait*.	ASSURER *quelqu'un* DE *quelque chose*, c'est témoigner de quelque chose à quelqu'un : ASSUREZ *votre père de ma reconnaissance*. ASSURER À *quelqu'un*, c'est affirmer, c'est donner pour sûr à quelqu'un : *Pierre l'Ermite* AVAIT ASSURÉ AUX *chrétiens d'Orient qu'il armerait l'Occident pour leur délivrance*.
7. *Ne* S'INQUIÉTER *que* DU *pieux cénobite, et ne* CHERCHER *que* CELUI *qui les avait visités*.	On dit S'INQUIÉTER DE *quelqu'un* et CHERCHER *quelqu'un* : chacun de ces verbes doit donc avoir un complément particulier.
8. *C'est à lui* QUE *s'adressaient leurs hymnes*.	*C'est* À LUI À QUI : périssologie, le même rapport étant exprimé deux fois par la préposition *à*. On corrige en supprimant *à qui*, et en joignant ensemble les deux propositions par la conjonction *que*.

XLVI

L'ALBATROS

L'albatros, que les marins *ont convenu* (1) de surnommer le mouton du Cap, est un oiseau magnifique; ses plumes, d'un blanc nacré, recouvrent d'un triple duvet son corps amaigri et *diminuent sa densité* (2); ses pieds membraneux ressemblent à des rames robustes; cette conformation lui permet d'affronter les plus rudes tempêtes et d'habiter les vagues, son humide séjour. L'albatros est, pour l'homme de mer, un messager d'heureux augure; sa présence lui annonce que bientôt il touchera terre, qu'il pourra radouber son bâtiment *qui fait de l'eau* (3), ou encore qu'il pourra *faire eau* (4), et cela à la grande satisfaction des passagers altérés. Lorsque le ciel est serein, que rien ne présage l'orage, ce charmant oiseau s'associe à la joie du matelot; il nage gracieusement *alentour du navire* (5); il s'abandonne mollement aux vagues; il ne s'élève dans l'air que pour caresser de son aile blanche le flot tranquille qui le berce. Mais si quelque signe dans l'atmosphère lui révèle la tempête, il pousse un avertissement plaintif, et semble dire aux matelots: « Serrez vos voiles! veillez au gouvernail! voici l'orage! ». Et il ne *décesse* (6) ses avertissements et ses plaintes que lorsque la mer s'apaise et le vent se tait. Les marins amorcent ce grand palmipède en lui jetant de longues lignes armées d'un hameçon garni de quelques morceaux de lard ou de volaille. Le pauvre oiseau se laisse prendre facilement à cet appât perfide. Lorsqu'il est attiré sur le pont du navire, l'albatros ne cherche pas à fuir, il regarde avec étonnement les ennemis qui l'entourent, il marche en trébuchant sur le sol ferme et résistant : on dirait que, ns l'aide agitée des eaux, il ne peut s'élancer dans les rs. La chair de l'albatros est coriace et sent la marée; s *marins sont donc impardonnables pour leur cruauté* (7) nvers cet oiseau auquel ils font une guerre acharnée. ais, partout où il passe, l'homme laisse après lui quelque ace de sang, et il répand de préférence *celui* (8) des êtres noffensifs qui ne demanderaient qu'à être ses auxiliaires t ses amis.

CORRIGÉ RAISONNÉ

1. SONT *convenus.*	*Convenir,* dans le sens de *demeurer d'accord,* se conjugue avec *être.*
2. EN *diminuent* LA *densité.*	*Sa densité... La densité* de quoi? Du *corps.* Ce dernier mot n'étant pas le sujet de la proposition dans laquelle se trouve le nom *densité,* il faut remplacer l'adjectif possessif *sa* par *la,* et faire précéder le verbe *diminuent* du pronom *en :* EN *diminuent* LA *densité.*
3. *Qui fait eau.*	*Faire eau* se dit lorsqu'un vaisseau a quelque crevasse ou lorsqu'il est sur le point d'être submergé.
4. *Faire de l'eau.*	*Faire de l'eau* est une expression qui signifie relâcher pour s'approvisionner d'eau douce.
5. AUTOUR DU *navire.*	*Alentour* est un adverbe, et rejette, par conséquent, tout complément; il faut le remplacer par la locution prépositive *autour de :* AUTOUR DU *navire.*
6. *Cesse.*	*Décesse* est un barbarisme.
7. *La* CRUAUTÉ *des marins envers cet oiseau, auquel ils font une guerre acharnée, est donc* IMPARDONNABLE.	On ne peut pas dire : *les* MARINS *sont* IMPARDONNABLES, puisqu'on ne dit pas *pardonner quelqu'un ;* mais on dira bien *la* CRUAUTÉ *des marins est* IMPARDONNABLE, parce qu'on dit *pardonner quelque chose.* Il y a donc certains adjectifs qui ne conviennent qu'aux choses, et d'autres qui ne conviennent qu'aux personnes.
8. *L'homme aime à verser* LE SANG, *et il répand de préférence*	*L'homme laisse après lui quelques traces de sang,* et il *répand* CELUI... *Celui* remplace ici le nom *sang,* qui est pris dans un sens in-

CELUI *des êtres inoffensifs.* | déterminé; or, les pronoms démonstratifs ne peuvent guère remplacer qu'un nom déterminé; il vaut donc mieux prendre une autre tournure.

XLVII

POLITESSE DE LOUIS XIV ET DE FRÉDÉRIC II

Louis XIV manqua rarement aux rendez-vous qu'il avait assignés; il avait pour maxime que l'exactitude *était* (1) la politesse des rois; mais s'il était exact, il exigeait qu'on *soit* (2) empressé. Ses voitures, un jour, n'étant arrivées qu'à l'heure précise où il les avait demandées: « J'ai failli attendre, » dit-il en regardant sa montre.

Citons un autre trait de politesse royale; il est d'un roi qui a reçu aussi le nom de Grand.

Frédéric II, roi de Prusse, prenait beaucoup *du* (3) tabac; pour *s'éviter* (4) la peine de fouiller dans sa poche, il avait fait placer sur chaque cheminée de son appartement une tabatière où il puisait au besoin. Un jour qu'il était dans son cabinet, *s'occupant à écrire ou à la lecture de quelque ouvrage philosophique* (5), il voit un de ses pages qui, ne croyant pas être aperçu et curieux de goûter du tabac royal, mettait sans façon les doigts dans la boîte ouverte sur la cheminée de la pièce voisine. Le roi ne dit rien d'abord; mais au bout d'une demi-heure, il appelle le page. « Prenez, lui dit-il, la tabatière qui est sur la cheminée de la pièce voisine, et *apportez-moi-la* (6). » Le page obéit; alors le roi ouvre la tabatière et invite l'indiscret à y prendre une prise: « Comment trouvez-vous ce tabac? — Excellent, sire. — Et cette tabaère ? — Superbe, sire. — Eh bien ! monsieur, prenez-la, ar je la crois trop petite pour nous deux. »

—

CORRIGÉ RAISONNÉ

1. ***Est.***	*L'imparfait* exprimant un temps passé, ne peut pas s'employer pour une chose qui a lieu dans tous les temps, comme une maxime, un axiome, etc. On ne peut donc pas dire : *Louis XIV avait pour maxime que l'exactitude* ÉTAIT *la politesse des rois.* La chose étant toujours vraie, ayant toujours lieu, c'est le *présent* qu'il faut employer.
2. ***Fût.***	*On* SERAIT *empressé :* voilà le sens de la phrase ; c'est donc un conditionnel futur qu'on veut exprimer, et, par conséquent, le 2e temps du subjonctif qu'il faut employer.
3. ***De.***	Après *beaucoup de,* on supprime l'article.
4. ***S'épargner.***	S'ÉVITER *la peine... Éviter* signifie *esquiver, fuir* quelque chose de nuisible, *s'éloigner de,* et n'a point d'autre sens. On *évite* un coup, un piége, les tentations, etc. Ce verbe n'a, d'ailleurs, point de complément indirect ; ainsi, on ne saurait en faire usage dans le sens *d'épargner. Eviter* quelque chose à quelqu'un présente donc une faute grave.
5. ***S'occupant à écrire u à lire quelque ou-rage philosophique.***	*S'occupant à écrire* ou *à la lecture...* La conjonction *ou* ne pouvant joindre ensemble les mots *écrire* et *lecture,* qui ne sont pas de la même espèce, il faut dire : *s'occupant à écrire* ou *à lire ;* la phrase sera régulière, car alors la conjonction joindra ensemble deux verbes à la même forme.
6. ***Apportez-la-moi.***	Quand un verbe à l'impératif a deux pronoms pour compléments, l'un direct et l'autre indirect, le complément direct s'énonce le premier.

XLVIII

LES ALPES

C'est dans les Alpes que le peintre surprendra la nature, pour ainsi dire dans son atelier, entourée des restes du chaos, au milieu d'une création qui, tout ébauchée qu'elle est, annonce cependant une main toute-puissante. Quelques lointains pays qu'il *parcourt* (1), il ne trouvera nulle part ces grands effets des ombres et de la lumière, ces dessins hardis *que* (2) l'imagination seule ne saurait atteindre. Ici, des rochers d'une hauteur et d'un aspect effrayants, entrecoupés d'écueils bizarres ou de grottes obscures, paraissent toucher la voûte des cieux; leurs cimes, surplombant au-dessus d'un profond abîme, menacent de le couvrir de leurs ruines; *couronnées de touffes épaisses d'arbres courbés par la vétusté, leurs ombres se projettent au loin* (3), et répandent une fraîcheur inaltérable. Là, des torrents, après *s'avoir élancés* (4) des nues, forment dans leur chute mille et une cascades variées où se jouent les rayons du soleil; leurs ondes, rassemblées dans les gouffres qu'elles ont creusés, s'en échappent *avec une force et une impétuosité* (5) que la parole ne saurait exprimer, et couvrent de leur écume les marbres épars qui se sont opposés à leur cours. Ces beautés terribles sont contrastées par la vue riante qu'offrent *les montagnes et coteaux* (6) tapissés de diverses nuances de verdure; la surface tranquille d'un beau lac répète leur image, et réfléchit, par un jour d'été, l'azur du ciel le plus pur. Au milieu d'un sombre désert, un vallon, où s'est établie une colonie, présente le tableau *d'une heureuse et d'une paisible retraite* (7) et montre cette union que l'on a si rarement rencontrée parmi les hommes. Enfin, des glaciers dont la base est toute hérissée de pointes aiguës et brillantes, dont les flancs sont tout éblouissants de neige et les sommets élevés au-dessus des nuées, terminent le lointain par leurs formes majestueuses.

—

CORRIGÉ RAISONNÉ

1. *Parcoure.*	Après *quelque... que*, le verbe se met toujours au subjonctif. Ici, on emploie le premier temps de ce mode, parce que c'est un présent qu'on veut exprimer.
2. *Auxquels.*	ATTEINDRE À *quelque chose* suppose des efforts; ATTEINDRE *quelque chose* n'en suppose pas : c'est donc la première de ces deux expressions que réclame ici le sens de la phrase.
3. COURONNÉES *de touffes épaisses d'arbres courbés par la vétusté;* ELLES *projettent au loin leurs ombres.*	Tout adjectif, verbal ou non, suppose un nom auquel il se rapporte; or, dans la phrase donnée, *couronnées* ne se trouve en rapport avec aucun nom; il faut donc construire autrement, et dire, par exemple : COURONNÉES *de touffes...* ELLES *projettent*, etc.
4. S'ÊTRE *élancés.*	Les verbes réfléchis prennent l'auxiliaire *être* dans leurs temps composés.
5. *Avec une force, une impétuosité.*	*Avec une force* ET *une impétuosité...* Les noms *force* et *impétuosité* étant synonymes, ou, si vous l'aimez mieux, placés par gradation, ne doivent pas être joints ensemble par la conjonction *et*, qui marque l'addition.
6. *Les montagnes et* LES *coteaux.*	L'article se répète devant chaque nom pris dans un sens déterminé.
7. *D'une heureuse et paisible retraite.*	Il ne s'agit ici que d'une seule *retraite*, qui est à la fois *heureuse* et *paisible;* il ne faut donc qu'un seul déterminatif.

XLIX

LE SIFFLET

Quand j'avais six ans environ, mes amis, un jour (fête, remplirent ma petite poche de gros sous. *Je fus* (*de suite* (2) à une boutique où l'on vendait des babiole mais charmé du son d'un sifflet que je vis en chemin da les mains d'un autre petit garçon : « Tu as là un siffl qui me plaît, lui dis-je : *donne-moi-le* (3) et reçois (échange tout mon argent. » Revenu chez moi, fort co tent de mon achat, sifflant par toute la maison, je fatigu les oreilles de toute la famille ; *mes frères et sœurs* (4 apprenant que j'avais tout donné pour ce mauvais instru ment, me dirent que je l'avais payé dix fois plus qu'il n valait : alors ils me firent penser au nombre de chos que j'aurais pu acheter avec le reste de ma monnaie, j'avais été prudent; ils se moquèrent tant de ma folie, moi *j'entendais si mal la raillerie* (5), que j'en pleurai d dépit; et la réflexion me donna plus de chagrin que sifflet de plaisir. Cet accident fut cependant par la sui de quelque utilité pour moi, l'impression restant sur mo âme; aussi, lorsque j'étais tenté d'acheter quelque chos *que je n'avais pas absolument besoin* (6), je disais en mo même : « Ne donnons pas trop pour le sifflet, » et j'épa gnais mon argent.

—

CORRIGÉ RAISONNÉ

1. *J'*ALLAI. | *Je* FUS ne doit jamais s'employer pour *j'*ALLA puisqu'on ne dit point je *suis* le voir, pou

je *vais* le voir. L'usage a cependant assez généralement adopté, dans certains cas, *j'ai été* pour je *suis allé*, il *a été* pour il *est allé*, etc.; mais la plupart des grammairiens ont établi entre ces expressions une différence qui mérite quelque attention : *j'ai été* suppose le retour, je *suis allé* ne le suppose pas. Ainsi, *il* A ÉTÉ *à la promenade* fait entendre qu'il en est revenu, et *il* EST ALLÉ *à la promenade*, qu'il y est encore.

2. TOUT *de suite*.

Il faut bien se garder de confondre les deux expressions adverbiales *de suite* et *tout de suite*. DE SUITE signifie *successivement, sans interruption*; et TOUT DE SUITE, *aussitôt, sur-le-champ*. Ce qu'on fait *de suite* est mieux exécuté que ce qu'on fait *tout de suite*.

3. *Donne-le-moi*.

Quand un verbe à l'impératif a deux pronoms pour compléments, l'un direct et l'autre indirect, le complément direct s'énonce le premier : *donne-moi-le* est une construction vicieuse qu'il faut éviter avec soin.

4. *Mes frères et* MES *eurs*.

L'adjectif déterminatif se répète avant chaque nom; *mes frères et sœurs* n'est donc pas conforme aux règles de la grammaire.

5. *J'entendais si mal illerie*.

Entendre raillerie, c'est bien prendre la raillerie; *entendre la raillerie*, c'est avoir le talent de railler. C'est donc la première de ces deux expressions que réclame le sens de la phrase donnée.

6. DONT *je n'avais pas bsolument besoin*.

Il faut *dont* et non *que*, parce qu'on dit *avoir besoin* DE *quelque chose*.

L

LE DÉPART DES HIRONDELLES

Le ciel était beau le matin, mais avec un vent qui soufflait de l'ouest. *Tout d'un coup* (1) le temps se voila, le ciel devint fort gris, le vent tomba, tout devint morne. C'est alors, *sur les midi* (2), qu'en même temps, *de tous les villages et hameaux* (3) environnants, d'infinies légions à obscurcir le jour vinrent avec mille voix, des débats, des discussions, se condenser sur l'église d'une petite ville *où nous sommes demeurés* (3) trois mois l'année dernière. Sans *oser prétendre savoir* (5) la langue de ces oiseaux, nous devinions très-bien qu'ils n'étaient pas d'accord. Peut-être les jeunes, retenus par ce souffle tiède d'automne, auraient voulu rester encore. Mais les sages, les plus expérimentés, les voyageurs éprouvés, insistaient pour *qu'on parte* (6). Ils prévalurent; la masse noire, s'ébranlant à la fois comme un immense nuage, s'envola vers le sud-est, probablement vers l'Italie. Ils n'étaient pas à douze cents kilomètres — quatre ou cinq heures de vol — que toutes les cataractes du ciel s'ouvrirent pour abîmer la terre; *nous craignîmes un instant un nouveau déluge et de n'être pas aussi heureux que Noé* (7). Retirés dans notre maison, qui tremblait aux vents furieux, nous admirions la sagesse des devins ailés qui avaient si prudemment devancé l'époque annuelle.

—

CORRIGÉ RAISONNÉ

1. *Tout à coup.*	Il ne faut pas confondre *tout à coup* et *tout d'un coup;* la première de ces deux locutions signifie *subitement, à l'improviste;* la seconde veut dire *en une seule fois :* la foudre éclata *tout à coup* — il tua trois hommes *tout d'un coup.*
2. *Sur le midi.*	On ne peut pas dire sur *les midi,* attendu que ce mot n'a pas de pluriel et n'est pas synonyme de douze heures.
3. *De tous les villages et* DE TOUS LES *hameaux.*	L'article et les adjectifs déterminatifs se répètent avant chaque nom; il en est de même de la préposition *de* et de quelques autres prépositions qui n'ont qu'une seule syllabe.
4. *Où nous avons* DEMEURÉ.	*Demeurer* se conjugue avec *avoir,* quand on veut marquer l'action, et avec *être,* quand on veut exprimer l'état. Ainsi, *il* A *demeuré à*

Paris veut dire qu'il n'est plus dans cette ville; et *il* EST *demeuré à Paris*, signifie qu'il y est toujours.

5. *Sans prétendre voir.*

Enlevez *oser* : trois ou quatre infinitifs de suite rendent le style diffus, et sont contraires à l'usage de nos bons écrivains.

6. *Qu'on partit.*

Qu'on *partit* est pour qu'on *partirait* : c'est donc un conditionnel futur qu'on veut exprimer, et, par conséquent, le 2e temps du subjonctif qu'il faut employer.

7. *Nous craignîmes un instant de* VOIR *le déluge se renouveler* ET *de n'*ÊTRE *pas aussi heureux que Noé...*

La conjonction *et*, de même que les conjonctions *ou, ni*, ne doit joindre ensemble que des mots de même espèce : or, dans la phrase donnée, elle joint *déluge* et *être*, c'est-à-dire un nom et un infinitif; cette construction est donc mauvaise; il faut construire autrement.

LI

LES CIMETIÈRES CHINOIS

Les cimetières chinois sont *fort beaux et curieux* (1). C'est sur le flanc d'une vaste colline, que parent une grande quantité d'arbustes odorants, *où* (2) sont bâtis les tombeaux. Ces monuments ont la forme d'un fer à cheval; l'enceinte intérieure, que j'ai maintes fois examinée, est recouverte d'une dalle en granit sur laquelle sont gravées des épitaphes où le regret, plus que l'esprit, se laisse voir. *C'est là où* (3) les Chinois viennent, chaque année, accomplir les cérémonies prescrites par les rites. Les tombes sont fort éloignées *les unes les autres* (4), et ombragées, *chaque* (5), par des sporméas violets et des cystes roses, qui les embrassent de leur rameaux flexibles. On arrive au pied de la colline en suivant le chemin qui borde la mer, et que forment une double rangée de cocotiers, dont les feuilles sonores répètent le bruit harmonieux des vagues. Lorsqu'on a vu de ces cimetières, on comprend que les Chinois qui, pendant leur vie, *aiment être* (6) bien vêtus, bien logés, bien nourris, *ont choisi* (7) un emplacement aussi riant pour dormir du dernier sommeil.

—

CORRIGÉ RAISONNÉ

1. *Fort beaux et* FORT *curieux.*	L'adverbe *fort* se répète avant chaque adjectif.
2. *Que.*	*C'est sur le flanc... où :* périssologie, le même rapport de lieu étant exprimé deux fois. Il faut supprimer *où* et joindre ensemble les deux propositions au moyen de la conjonction *que.*
3. *C'est là* QUE.	*C'est là où :* même faute et même correction.
4. *Les unes* DES *autres.*	LES UNES *sont éloignées* DES AUTRES. On dit *éloigné de.* Il faut donc donner à ce mot le complément qui lui convient.
5. *Chacune.*	Il ne faut pas confondre *chaque* et *chacun. Chaque* est adjectif et doit toujours être suivi d'un nom : CHAQUE *femme ;* — *chacun* est pronom, et, par conséquent, tient la place d'un nom : ces volumes me coûtent cinq francs *chacun.* D'après cela, il est évident qu'il faut dire : *les tombes sont ombragées,* CHACUNE, *par des sporméas violets.*
6. *Aiment* À *être.*	*Aimer à,* dans le sens de *prendre plaisir à* est toujours suivi de la préposition *à* devant un infinitif : elle *aimait* À *prévenir* les injures par sa bonté. (Bossuet.)
7. *Aient choisi.*	Il y a dans cette phrase une idée générale de doute qui exige que le verbe de la proposition subordonnée soit au subjonctif ; de plus, il faut employer le 3e temps de ce mode, parce qu'on veut exprimer un passé indéfini.

LII

ATHÈNES ET LACÉDÉMONE

Parmi toutes les républiques dont la Grèce était composée, Athènes et Lacédémone étaient sans comparaison les principales. On ne peut avoir plus d'esprit *qu'on n'en avait à Athènes* (1), ni plus de force *qu'on n'en avait à Lacédémone* (2). Athènes voulait le plaisir, quoi qu'il pût lui coûter; la vie de Lacédémone était dure et laborieuse. L'une et l'autre aimaient la gloire et la liberté; mais, à Athènes, la liberté tendait naturellement à la licence; et, contrainte par des lois sévères à Lacédémone, *plus elle était réprimée au dedans, et plus elle cherchait à s'étendre en dominant au dehors* (3). Athènes voulait aussi dominer, mais par un autre principe : *l'intérêt se mêlait avec la gloire* (4). Ses concitoyens excellaient dans l'art de naviguer; et la mer, où elle régnait, l'avait enrichie. Pour demeurer seule maîtresse de tout le commerce, il n'y avait rien qu'elle ne *voulait* (5) assujettir; et ses richesses, qui lui inspiraient ce désir, lui fournissaient le moyen *d'y satisfaire* (6). À Lacédémone, au contraire, l'argent était méprisé. Comme toutes ses lois tendaient à en faire une république guerrière, la gloire des armes était le seul charme dont les esprits de ses citoyens fussent possédés. *Dès-là* (7) naturellement elle voulait dominer; *plus elle était au-dessus de l'intérêt et plus elle s'abandonnait à l'ambition* (8).

CORRIGÉ RAISONNÉ

1. *Qu'on en avait à Athènes.*	Il faut supprimer *ne*, le verbe de la proposition principale étant lui-même accompagné de la négation (*Grammaire des Grammaires*).
2. *Ni plus de force qu'on en avait à Lacédémone.*	Ici encore supprimez *ne*. (Même raisonnement.)
3. *Plus elle était réprimée au dedans, plus elle cherchait à s'étendre en dominant au dehors.*	*Plus... plus*, placés au commencement de deux membres de phrase, ne doivent pas être unis par la conjonction *et*, parce qu'il ne s'agit pas de joindre ensemble deux propositions, mais de marquer le rapport de l'une avec l'autre.
4. *L'intérêt se mêlait* À *la gloire.*	*Mêler*, au propre, signifie faire un mélange, mettre plusieurs choses ensemble avec une sorte de confusion, et alors il demande la préposition *avec : mêler de l'eau* AVEC *du vin* ; mais, au figuré, *mêler* se dit des choses morales et signifie joindre, unir une chose à une autre ; en ce sens, il est suivi de la préposition *à : mêler l'agréable* À *l'utile*. — *Dieu mêle sagement* AUX *douceurs de ce monde des amertumes salutaires.*
5. *Qu'elle ne* VOULÛT *assujettir.*	*Elle* VOULAIT *tout assujettir* : imparfait, et, par conséquent, 2e temps du subjonctif.
6. DE LE *satisfaire.*	*D'y satisfaire*... il faut dire : *de* LE *satisfaire*; *satisfaire* n'est suivi de la préposition *à* que dans le sens de *faire ce qu'on doit par rapport à quelque chose : satisfaites* À *vos devoirs et ne vous inquiétez pas du reste.*
7. DE *là.*	Il ne faut pas confondre *de là*, qui signifie *de cette cause-là, de ce sujet-là, de cette chose-là*, avec *dès-là*, qui veut dire *dès lors, dès ce temps-là*. C'est évidemment la première de ces deux locutions qui convient ici.
8. *Plus elle était au-dessus de l'intérêt, plus elle s'abandonnait à l'ambition.*	*Plus*... ET *plus*... Supprimez la conjonction *et*; l'idée à exprimer rejette ici toute pensée d'addition.

LIII

DES CRIS DES ANIMAUX

Il y a, relativement aux cris des animaux, quelques lois *que, ce nous semble, on n'observe pas assez et qui mériteraient bien de l'être* (1). Le divers langage des hôtes du désert nous paraît calculé sur la grandeur ou le charme du lieu où ils vivent, et sur l'heure du jour à laquelle ils font leur *apparution* (2). Le rugissement du lion, que caractérisent la force, la sécheresse et l'âpreté, est en harmonie avec les sables embrasés où il se fait entendre, tandis que le mugissement de nos bœufs charme les échos champêtres de nos vallées; la chèvre a quelque chose de tremblant et de sauvage, comme les rochers et les ruines où vous l'avez si souvent vue se pendre; le hennissement du cheval belliqueux *a quelque rapport aux sons grêles du clairon* (3), et, comme s'il sentait qu'il n'est pas fait pour les soins rustiques, il se tait sous l'aiguillon du laboureur et hennit sous le frein du guerrier; la nuit, tour à tour charmante et sinistre, a le rossignol et le hibou : l'un chante pour le zéphyr et les bocages, l'autre pour les vents et les vieilles ruines; enfin, presque tous les animaux qui vivent de sang ont un cri particulier *qui participe à celui de leurs victimes* (4); l'épervier glapit comme le lapin et miaule comme les jeunes chats; le chat lui-même a une espèce de murmure semblable à celui des petits oiseaux de nos jardins; le loup bêle, mugit ou aboie; le renard glousse ou crie; le tigre a un mugissement *qui peut être comparé avec celui du taureau* (5); et l'ours marin a une sorte d'affreux râlement, tel que le bruit des récifs battus des vagues où il cherche sa proie.

—

CORRIGÉ RAISONNÉ

1. QUI, *ce nous semble,* NE SONT PAS ASSEZ OBSERVÉES, *et qui mériteraient bien de l'être.*	*Que... on n'observe pas assez, et qui mériteraient bien de l'être... D'être* quoi ? *observées;* le mot de la réponse *observées* ne se trouvant pas exprimé précédemment, l'ellipse est mauvaise ; il faut s'exprimer autrement.
2. *Apparition.*	*Apparution* est un barbarisme.
3. *A quelque rapport* AVEC *les sons grêles du clairon.*	*Avoir rapport à* exprime une idée de relation, de liaison : *Les effets* ONT RAPPORT AUX *causes.* *Avoir rapport avec* marque une idée d'analogie, de ressemblance, de conformité : nos plus belles tragédies ONT *beaucoup de* RAPPORT AVEC *celles des Grecs.*
4. *Qui participe* DE *celui de leurs victimes.*	*Participer à* et *participer de* sont des expressions qu'il faut bien se garder de confondre. *Participer à,* c'est avoir part à quelque chose : *c'est* PARTICIPER *en quelque sorte* AU *crime,* que de ne pas l'empêcher quand on le peut. *Participer de,* c'est tenir de la nature de quelque chose : *le cri des animaux qui vivent de sang* PARTICIPE DE *celui de leurs victimes.*
5. *Qui peut être comparé* À *celui du taureau.*	*Comparer à,* suppose un rapport de ressemblance entre les deux termes de la comparaison : COMPARER *le temps à un* fleuve. COMPARER AVEC ne suppose aucune ressemblance entre les objets comparés : COMPARER *le vice* AVEC *la vertu.*

LIV

DES CANNES DE JONC DE MALACCA

Nous venions de jeter l'ancre dans la rade de Malacca, lorsqu'un vieillard, *très-révérencieux vis-à-vis de chacun* (1), s'avança vers nous, portant entre ses bras un grand nombre de cannes de jonc. C'est dans cette partie de la péninsule malaise, aux environs du mont Ophir, qui recèle des diamants et de l'or dans son sein, *où* (2) l'on recueille ce beau végétal. On ne saurait se faire une idée de l'immense quantité qu'on en apporte aujourd'hui encore en Europe, *malgré que* (3) la fashion dédaigne maintenant ces cannes élégantes. Les joncs du vieux Malais étaient tous très-arrondis, d'un brun marron très-vif et d'une belle longueur. Moyennant la faible somme de deux piastres, j'en obtins *sept à huit* (4) *auxquels auraient porté envie les vrais connaisseurs* (5). Ce joli roseau subit une préparation avant d'acquérir la robe luisante dont il est paré. *Voilà* (6) comment on procède : on coupe les joncs, on les dégarnit sur place de leurs feuilles engaînantes, et on les abandonne ensuite à eux-mêmes. Lorsqu'ils sont à peu près secs, on les enduit d'huile de coço et on les approche d'un feu très-vif auquel *l'on les laisse exposés* (7) jusqu'à ce qu'ils aient pris la couleur que nous leur connaissons. Pendant qu'on les chauffe ainsi, ils rejettent une certaine quantité d'eau de végétation qu'ils renfermaient encore, et l'huile, en pénétrant dans le réseau de leur tissu, les rend inattaquables aux insectes. Le commerce des joncs est une des principales industries des Malais de cette contrée; il existe peu de maisons à Malacca sous lesquelles on ne *voit* (8) amoncelés d'énormes fagots de ces monocotylédones. Mais, dans ce nombre immense, il en est bien peu qui trouveraient grâce aux yeux d'un véritable amateur :

Car un jonc sans défaut vaut seul un sceptre d'or.

—

CORRIGÉ RAISONNÉ

1. *Très-révérencieux* ENVERS *chacun.*	*Vis-à-vis,* abréviation de *visage à visage,* ne s'emploie que pour marquer une opposition de lieu, et signifie *en face, à l'opposé : il loge* VIS-À-VIS *de l'église.* C'est donc une faute de

	dire *révérencieux* VIS-À-VIS *de quelqu'un*; il faut, dans ce cas, se servir de *envers, à l'égard de : révérencieux* ENVERS *quelqu'un*, À L'ÉGARD *de quelqu'un.*
2. *Que.*	*C'est dans cette partie... où : où* forme ici une périssologie, le même rapport de lieu étant exprimé deux fois. Il faut remplacer *où* par *que*, qui joint simplement les deux propositions entre elles.
3. *Bien que.*	La locution *malgré que*, ne s'emploie plus; on la remplace par *bien que*, *quoique.*
4. *Sept* ou *huit.*	*Sept* À *huit...* Entre deux nombres qui se suivent, on emploie *à* quand il s'agit de choses qui peuvent être divisées, comme les heures, les jours, les années, les mesures; *sept* À *huit mètres;* on emploie *ou* quand les nombres s'appliquent à une chose qui n'est pas susceptible d'être divisée : *sept* OU *huit cannes.*
5. QU'AURAIENT ENVIÉS *les vrais connaisseurs.*	On *envie* les choses : *J'*ENVIE *votre bonheur*; on *porte envie* aux *personnes : le sage ne* PORTE ENVIE *à personne.*
6. *Voici.*	*Voici* a rapport à ce qui suit, et *voilà* à ce qui précède. C'est donc *voici* qu'il faut employer dans cette phrase.
7. *On les laisse exposés.*	*L'on les laisse* : cacophonie. On corrige facilement en remplaçant *l'on* par *on.*
8. *Voie.*	*Voit* est un présent; c'est, par conséquent, le premier temps du subjonctif qu'il faut employer.

LV

LES RUES DE PARIS

Il y a dans Paris certaines rues déshonorées autant que peut l'être un homme coupable d'infamie; puis il y a des rues nobles, puis des rues simplement honnêtes, puis de jeunes rues sur la moralité desquelles ne s'est encore formée aucune opinion; puis des rues assassines, puis des rues estimables; des rues toujours propres, des rues toujours sales; des rues *passagères* (1) et des rues presque désertes; enfin, des rues ouvrières, travailleuses, mercantiles. Les rues de Paris *jouissent d'une bonne ou d'une mauvaise réputation* (2), *dont elles ont hérité de ceux qui les ont habitées* (3). Ainsi il y a des rues où, *telles belles propositions qu'on vous fit* (4), vous ne voudriez pas demeurer, et d'autres où vous placeriez volontiers votre séjour. Plus d'une rue présente une belle tête, et se termine en queue de poisson. La rue de la Paix est une large rue, une grande rue; mais elle ne révèle aucune des pensées gracieusement nobles dont une âme *impressible* (5) s'est senti surprendre au milieu de la rue Royale, et elle manque certainement de la majesté qui règne dans la place Vendôme. Si vous voulez vous promener dans les rues de l'île Saint-Louis, ne demandez raison de la tristesse nerveuse qui s'emparera de vous qu'à la solitude, à l'air morne des maisons et des hôtels déserts que *construirent* (6) autrefois les fermiers généraux. Cette île est comme la Venise de Paris. La place de la Bourse est babillarde, active, commerçante; elle n'est belle que par un clair de lune, à deux heures et demie du matin : le jour, c'est un abrégé de Paris; pendant la nuit, c'est comme une rêverie de la Grèce.

—

CORRIGÉ RAISONNÉ

1. *Passantes.*	*Passager* ne se dit que de ce qui passe vite, qui ne dure qu'un instant : *beauté* PASSAGÈRE, *bonheur* PASSAGER. En parlant d'une rue par laquelle il passe beaucoup de monde, il faut se servir de *passant* : *une rue* PASSANTE. Cet adjectif, bien qu'il ait la terminaison active, a cependant le sens passif.
2. ONT *une bonne ou une mauvaise réputation.*	*Jouir* ne se dit que des choses avantageuses et agréables; on ne saurait donc dire : *jouir* d'une mauvaise réputation: il faut se servir

d'un verbe qui convienne également à la *bon[ne]* et à la *mauvaise réputation*.

3. *Qu'elles* ONT HÉRITÉE *de ceux qui les ont habitées.*

Lorsque le verbe *hériter* a deux complé[-]ments, comme dans cette phrase, on fait usag[e] du complément indirect pour les personne[s] et du complément direct pour les choses.

4. QUELQUES *belles propositions qu'on vous fit.*

C'est une faute grave d'employer l'adject[if] *tel* pour *quel* ou *quelque*, comme dans TE[L] qu'il soit, *tel* puissant qu'il soit, *tel* temp[s] qu'il fasse, *telles* propositions qu'on vous fi[t]. Il faut dire : *quel* qu'il soit, *quelque* puissan[t] qu'il soit, *quelque* temps qu'il fasse, *quelque[s]* propositions qu'on vous fit.

L'emploi de *quel* pour *quelque* n'est pa[s] moins vicieux, comme dans *quel* temps qu'i[l] fasse, *quelle* chose qu'il arrive, pour *quelqu[e]* temps qu'il fasse, *quelque* chose qu'il arrive.

5. *Impressionnable.*

Impressible n'est pas français, et est d'au[-]tant moins admissible, quoique venant d[e] M. Honoré de Balzac, de qui ce morceau es[t] extrait, qu'*impressionnable*, mot nouveau peut le remplacer.

6. *Construisirent.*

Construirent est un barbarisme. Construir[e] fait au passé défini : *je construisis*. Cette re[-]marque s'applique à tous les verbes en *uire*.

LVI

À UN AMI (LETTRE D'EXCUSE)

Daignerez-vous bien encore me recevoir en grâce, après la coupable négligence que j'ai mise à répondre *à la vôtre* (1). Je sens toute ma faute, et *je vous en demande excuse* (2). À le bien prendre cependant, quand je vous offense par mes retards déplacés, je vous trouve encore le plus heureux des deux. Vous exercez à mon égard la plus douce de toutes les vertus de l'amitié, l'indulgence; et vous goûtez le plaisir *de remplir le but* (3) que se propose un parfait ami, tandis que je n'ai que de la honte et des reproches à me faire sur l'irrégularité de mes procédés *vis-à-vis de vous* (4). Vous devez du moins comprendre par là que je ne cherche point de détour pour me disculper. J'aime mieux devoir uniquement mon pardon à votre bonté que de chercher à m'excuser par de mauvais subterfuges. Ordonnez ce que le cœur vous dictera, du coupable et du châtiment, vous serez obéi. Je n'excepte qu'un seul genre de peine *qu'il me serait impossible de pouvoir supporter* (5) : c'est le refroidissement de votre amitié. *Conservez-moi-la* (6) tout entière, je vous en prie, et souvenez-vous que je serai toujours votre tendre ami, quand même je me rendrais indigne que vous fussiez le mien.

—

CORRIGÉ RAISONNÉ

1. *À votre lettre.* — *À la vôtre...* Ce pronom possessif est mal employé; il ne saurait remplacer qu'un nom précédemment exprimé. On corrige facilement en énonçant le nom sous-entendu et en y joignant l'adjectif possessif : *votre lettre.*

2. *Je vous en* FAIS MES EXCUSES. — *Je vous en demande excuse... Demander excuse*, dans le sens de demander pardon, est un vrai galimatias qui choque également et l'usage et la raison. En effet, on ne peut pas exiger des excuses d'une personne qu'on a offensée, ou la réparation serait pire que l'offense. Si donc j'ai commis une faute envers quelqu'un, je dirai : *je vous fais mes excuses, je vous prie de m'excuser;* alors, quand celui que j'ai offensé est satisfait, *il reçoit mes excuses*, mais il ne M'ACCORDE *point d'excuses.*

3. D'ATTEINDRE *le but.* — *Remplir le but...* Au figuré, *remplir* signifie exécuter, accomplir, effectuer, réaliser : *remplir ses obligations, ses devoirs.* On dit dans le même sens : *remplir l'attente, les espérances du public; remplir les intentions, les vues de quelqu'un;* mais *remplir un but* est une très-mauvaise locution : on ATTEINT *un*

but, mais on ne l'exécute pas, on ne le réalise pas.

4. Envers *vous*. — *Vis-à-vis* signifie *en face de*, et ne s'emploie que dans le sens propre. Dans le sens figuré, on se sert de *envers*, *à l'égard de*. *Vis-à-vis de vous* est donc ici une locution vicieuse; il faut dire *envers vous*, *à votre égard*.

5. *Il me serait impossible de supporter*. — *Impossible de pouvoir...* : périssologie, l'idée de possibilité étant exprimée deux fois.

6. *Conservez*-la-moi. — *Conservez-moi-la...* Cette construction est vicieuse : le pronom complément direct doit être énoncé le premier.

LVII

RACINE ET BOILEAU AU MARÉCHAL DE LUXEMBOURG

Monsieur le maréchal,

Au milieu des louanges et des compliments si bien mérités que vous recevez de toutes parts *pour la grande bataille que vous avez remportée à Fleurus* (1), nous espérons que vous agréerez aussi nos remercîments pour la gloire que vous avez acquise à la France et à son histoire, à l'enrichissement de laquelle personne, *auparavant vous* (2), n'a travaillé avec autant de succès, *et la dernière victoire que vous avez gagnée* (3) contribuera singulièrement à l'orner. Jamais il n'y en a eu de si propre à être racontée : la grandeur de la querelle, l'animosité des deux partis, l'audace et la multitude des combattants, une résistance de six heures et demie, un carnage horrible, et enfin une déroute complète, tout s'y rencontre à la fois. Jugez donc quel agrément c'est pour des historiens d'avoir de telles choses à écrire. Mais laissons l'histoire à part : sérieusement, monsieur le maréchal, il n'y point de gens qui soient plus touchés *que nous ne les sommes* (4), monsieur Racine et moi, des lauriers récents que vous avez cueillis. Car, sans compter l'intérêt que nous y prenons avec tout le royaume, figurez-vous quelle joie nous avons dû éprouver en entendant publier partout *que nos affaires étaient rétablies* (5), les desseins des ennemis renversés, la France, pour ainsi dire, sauvée ; et en songeant que le héros qui a fait tous ces miracles est ce même homme d'un commerce si doux, et qui nous a toujours honorés de son amitié.

Nous sommes, avec un profond respect, monsieur le maréchal, *les vôtres* (6) tout dévoués.

—

CORRIGÉ RAISONNÉ

1. *Pour la grande bataille que vous avez* GAGNÉE *à Fleurus.*	On ne dit pas *remporter la bataille*, on dit *gagner la bataille.*
2. AVANT *vous.*	*Auparavant vous... : auparavant* étant adverbe, ne saurait avoir de complément; on corrige en remplaçant cet adverbe par la préposition *avant.*
3. *Et la dernière victoire que vous avez* REMPORTÉE.	L'expression *gagner la victoire* présente une mauvaise alliance de mots; il faut dire *remporter la victoire.*
4. *Que nous ne* LE *sommes.*	*Que nous ne* LES *sommes... Nous sommes quoi? que sommes-nous? Touchés*; or, on n'emploie *le, la, les* que pour rappeler l'idée d'un nom; on ne peut donc pas dire ici : *que nous ne* LES *sommes*; il faut remplacer *les* par le pronom indéfini *le*, qui sert à rappeler un adjectif et tout mot employé adjectivement.
5. *Que nos affaires* SONT *rétablies.*	*Que nos affaires* ÉTAIENT *rétablies...* Ici, on ne saurait employer le passé *étaient*, puisque les affaires *sont* encore *rétablies* au moment où Racine et Boileau écrivent.
6. *Vos serviteurs.*	*Les vôtres...* Tout pronom possessif doit se rapporter à un nom précédemment énoncé ; on ne peut donc dire : *nous sommes les vôtres*; il faut dire : *nous sommes vos serviteurs.*

LVIII

LES INSECTES

Fixons un instant les plus petites espèces vivantes (1) que Dieu ait créées, et les plus brillants tableaux vont nous frapper d'admiration. L'or, le saphir, le rubis même *ont été prodigués à profusion* (2) à des êtres microscopiques. Les uns marchent le front orné de panaches, sonnent du cor et semblent armés pour la guerre; d'autres portent des turbans enrichis de pierreries, leurs robes étincellent d'azur et de pourpre. Ils ont de longues lunettes *pour qu'ils découvrent leurs ennemis* (3), et des boucliers *pour qu'ils se défendent* (4). Il en est qui exhalent le parfum des fleurs : on dirait que la nature les a créés pour le plaisir. On les voit avec des ailes de gaze, des casques d'argent, des épieux aussi noirs *comme le jais* (5), effleurer les ondes, voltiger dans les prairies, s'élancer dans les airs. Ici on exerce *tous les arts et les industries* (6); c'est un petit monde qui a ses tisserands, ses maçons, ses architectes même. J'aperçois parmi eux des voyageurs qui vont à la découverte; des pilotes qui, *sans voile et boussole* (7), voguent, sur une goutte d'eau, à la conquête d'un nouveau monde. Voici des insectes à qui l'aurore semble avoir prodigué ses rayons les plus doux. Ce sont des flambeaux vivants qu'elle a répandus dans les prairies. Contemplez cette mouche *qui luit d'une clarté semblable à la lune* (8), elle porte avec elle le phare qui doit l'éclairer. Tandis qu'elle s'élance dans les airs, un ver rampe au-dessous d'elle; vous croyez qu'il va disparaître dans l'ombre, *tout d'un coup* (9) il se revêt de lumière comme un habitant du ciel ; il s'avance comme le fils des astres.

—

CORRIGÉ RAISONNÉ

1. *Fixons un instant* NOS REGARDS SUR *les plus petites espèces vivantes.*	On dit bien : *fixer ses regards sur quelqu'un* ou *sur quelque chose,* c'est-à-dire *arrêter* ses regards; mais le verbe *fixer* tout seul ne signifie jamais *regarder.* On ne peut donc pas dire : *fixons les plus petites espèces,* etc.; il faut dire : *arrêtons nos regards sur... fixons nos regards sur...*
2. *Ont été prodigués.*	Supprimez *à profusion,* qui forme une périssologie.
3. *Pour découvrir leurs ennemis.*	*Pour qu'ils découvrent leurs ennemis...* Il vaut mieux dire : *pour découvrir,* etc : l'infinitif est préférable au subjonctif quand il n'y a pas d'équivoque possible.
4. *Pour se défendre.*	Même correction.
5. QUE *le jais.*	L'idée de comparaison étant exprimée par *aussi,* ne doit pas l'être une seconde fois par *comme :* il y aurait périssologie.
6. *Tous les arts et* TOUTES *les industries.*	L'adjectif déterminatif se répète avant chaque nom.
7. *Sans voile* NI *boussole.*	*Sans voile et boussole...* Il faut répéter la préposition *sans : sans voile et* SANS *boussole,* ou bien remplacer *et sans* par *ni,* conjonction qui s'emploie dans le sens négatif, et dire : *sans voile* NI *boussole.*
8. *Qui luit d'une clarté semblable à* CELLE *de la lune.*	On ne peut comparer entre elles que des choses de même espèce ; or, que veut-on comparer ici? *La* CLARTÉ *de la mouche* et *la* CLARTÉ *de la lune.* On ne peut donc pas dire : *qui luit d'une clarté semblable à la lune;* il faut dire : *semblable à* CELLE *de la lune, celle* rappelant l'idée de *clarté.*
9. *Tout à coup.*	Dites *tout à coup,* c'est-à-dire *subitement,* et non *tout d'un coup,* qui signifie *tout en une fois.*

LIX

UNE NUIT DANS LES DÉSERTS DU NOUVEAU-MONDE

Une demi-heure *après que le soleil se coucha* (1), la lune parut au-dessus des arbres : une brise embaumée semblait la précéder. La reine des nuits monta peu à peu dans le ciel : tantôt vous l'eussiez vue suivre paisiblement sa course azurée ; *et tantôt* (2) vous l'eussiez crue endormie sur des groupes de nues, qui ressemblaient à la cime de ces hautes montagnes que couronne la neige. La scène, sur la terre, n'était pas moins ravissante : le jour bleuâtre et velouté de la lune descendait dans les intervalles des arbres et poussait des gerbes de lumière jusque dans l'épaisseur des plus noires ténèbres. La rivière qui coulait à mes pieds, tour à tour se perdait dans les bois, *et tour à tour* (3) reparaissait tout éclatante des astres qu'elle répétait dans son sein. Des bouleaux qu'agitait la brise formaient çà et là dans la savane des îles d'ombres flottantes. Au loin, *l'on* (4) entendait les mugissements de la cataracte de Niagara qui, dans le calme des nuits, roulaient d'écho en écho et expiraient *au travers les forêts solitaires* (5). La grandeur et la mélancolie de ce tableau ne sauraient s'exprimer : dans ces pays déserts, l'imagination cherche à s'étendre, mais l'âme *aime le recueillement et à se trouver* (6) en quelque sorte seule devant Dieu.

—

CORRIGÉ RAISONNÉ

1. *Après que le soleil* SE FUT COUCHÉ.	*Une demi-heure après que,* etc. Le sens de cette phrase est évidemment celui-ci : *le so-*

leil SE COUCHA, *puis la lune* PARUT ; l'action de *se coucher* est antérieure à celle de *paraître* ; c'est donc au passé antérieur qu'il faut mettre le verbe *se coucher*, et non au passé défini.

2. *Tantôt.* — *Et tantôt...* Supprimez la conjonction ET : il n'y a point *addition*, mais *alternative*.

3. *Tour à tour.* — *Et tour à tour...* Ici encore, supprimez *et* : il n'y a aucune idée *d'addition*.

4. *On.* — *L'on...* Dans cette phrase, *on* est préférable à *l'on*, parce qu'il n'y a aucune mauvaise consonnance à éviter.

5. *À travers les forêts solitaires.* — AU TRAVERS *les forêts solitaires...* Il faut dire : *au travers des* (*de les*) *forêts*, ou bien : *à travers les forêts*; *au travers* veut être suivi de la préposition *de*; *à travers* la rejette.

Remarquez d'ailleurs qu'il n'y a ici aucune idée d'obstacle à vaincre, et que, par conséquent, l'emploi de la locution *à travers* est préférable.

6. *Aime* À SE RECUEILLIR *et à se trouver.* — *Aime le recueillement* ET *à se trouver...* La conjonction *et* ne peut joindre ensemble que des mots de la même espèce; or, dans cette phrase, elle joint *recueillement* et *trouver*, c'est-à-dire un nom et un verbe à l'infinitif, elle est donc mal employée. Il faut dire : *aime à se recueillir* ET *à se trouver.*

LX

LE RENNE

Les Lapons, ces modernes pygmées que la nature a relégués dans la partie la plus septentrionale de l'Europe, n'ont pas d'autre bétail que le renne. Dans ce climat glacé, où ne pénètrent qu'obliquement les rayons du soleil; *où la nuit et le jour ont chacun sa saison* (1); où la neige, ainsi qu'un linceul, couvre le sol six mois et demi durant; où la ronce, la mousse et le genièvre font seuls la verdure de l'été, l'homme pouvait-il espérer de nour des troupeaux? Le cheval, le bœuf, la brebis même, pouvant y trouver leur subsistance, *et* (2) résister à rigueur des frimas, il lui a fallu chercher *entre* (3) l hôtes des forêts l'espèce la moins sauvage, et il a cho le renne. *En comparant les avantages que les Lapons o su tirer du renne apprivoisé avec ceux que nous avons o tenus de nos animaux domestiques, il devient évident* (que cet animal en vaut seul deux ou trois : on s'en se comme du cheval pour tirer des traîneaux, des voitur même ; il court avec bien plus de diligence et de légèret fait aisément quarante milles par jour, et marche av autant d'assurance sur la neige *comme* (5) sur une pelous La femelle donne un lait plus nourrissant *que la vache* (6 la chair de cet animal est saine et très-bonne à mange son poil fait une fourrure qu'on a souvent payée fo cher ; sa peau, convenablement préparée, devient u cuir très-souple et très-durable. Ainsi, le renne fourn seul tout ce que nous procurent le cheval, le bœuf et l brebis.

—

CORRIGÉ RAISONNÉ

1. *Où la nuit et le jour ont chacun* LEUR *saison.*

Où la nuit et le jour ont chacun SA *saison*.. Il faut dire : LEUR *saison*, parce qu'avant *chacun*, la pensée principale n'est pas complétement énoncée; ce qui suit ce mot est u complément nécessaire de ce qui le précède *la nuit et le jour ont...* LEUR *saison*. Dans c cas, *chacun* étant le sujet d'une propositio elliptique, devrait être placé entre deux vir gules; mais cette ponctuation n'est poin adoptée.

2. *Ni.*

Et... Le sens de la phrase étant négatif, c'est de *ni* qu'il faut se servir.

3. *Parmi.*

Entre ne se dit guère que de deux personnes ou de deux choses; *parmi* se dit d'un plus grand nombre.

4. *En comparant les* [a]*vantages que les La*[p]*ons ont su tirer du* [r]*enne apprivoisé avec* [c]*eux que nous avons* [o]*btenus de nos animaux* [d]*omestiques,* ON VERRA [Q]UE.

EN COMPARANT *les avantages...* IL *devient évident...* Cette construction est mauvaise, car tout participe présent précédé de la préposition *en* (c'est ce qu'on appelle quelquefois un *gérondif*, à l'imitation des Latins) doit se rapporter au sujet de la proposition; or, ce rapport n'existe pas ici. On corrige aisément cette construction en remplaçant *il est évident* par *on verra que*, etc. Le participe présent, avec tout ce qui en dépend, se rapporte alors au sujet *on*.

5. *Que.*

L'idée de comparaison étant déjà exprimée par *autant*, ne saurait l'être une seconde fois par *comme* : il y aurait périssologie. Il faut remplacer *comme* par la conjonction *que*, qui exprime un simple rapport de subordination.

6. *Que* CELUI *de la* [v]*ache.*

Que la vache... construction vicieuse : on ne peut comparer entre elles que des choses de même espèce. Il faut rappeler l'idée de *lait* au moyen du pronom *celui*.

LXI

NICE

Nice, une des plus jolies villes *que j'ai visitées* (1) dans le midi de la France, est assise sur un amphithéâtre de rochers qui s'avancent *un petit peu* (2) dans la mer. Il est entouré d'une chaîne de montagnes qui diminuent insensiblement de hauteur. Sur le penchant des collines se montrent des maisons de campagne que j'ai trouvées charmantes, et qu'entourent *des plants d'oliviers, mûriers, citronniers, limoniers et orangers* (3). Avez-vous soif, *très-soif* (4) même : les fruits de tous ces arbres vous offrent à l'envi un suc rafraîchissant. Il y a des propriétaires qui récoltent tous les ans plus de trois cent mille oranges et plus de cent quatre-vingt mille citrons. C'e[st] une richesse ou plutôt la plus grande richesse qu'ait l[e] pays. Les villas des environs de Nice sont peuplées d'An-glais et d'Allemands. Chacune d'elles est une vraie colonie. C'est *là où* (5), de toutes les contrées du monde, on vien[t] chercher un abri contre les rigueurs de l'hiver. Nice, pendant cette saison, est une espèce de *resserre* (6) pour *les poumoniques* (7) et pour tous ceux qui ont une santé délicate. L'hiver n'y règne guère que quelques semaines, et jamais il n'y est trop froid. Heureux qui peut passer sa vie dans cette espèce de paradis terrestre !

—

CORRIGÉ RAISONNÉ

1. *Que* J'AIE *visitées.*

Après un adjectif au superlatif relatif, *une* DES PLUS JOLIES *villes,* le verbe de la proposition subordonnée se met au subjonctif; de plus, il faut ici mettre ce verbe au 3e temps de ce mode, parce qu'on veut exprimer un passé indéfini : J'AI VISITÉ *de jolies villes dans le midi de la France.*

2. *Un peu.*

Un petit peu... supprimez *petit : peu* étant un adverbe, ne saurait être modifié par un adjectif; mais on dira bien : *très-peu, fort peu, bien peu,* parce que les mots *très, fort, bien* sont des adverbes, qui peuvent modifier un autre adverbe.

3. *Des plants d'oliviers,* DE *mûriers,* DE *citronniers,* DE *limoniers et* D'*orangers.*

Les prépositions qui n'ont qu'une syllabe, comme *de,* se répètent avant chaque nom, quand il n'y a aucune ressemblance de signification entre les noms qui forment l'énumération.

4. BIEN *soif.*

Très-soif... *Très* ne peut modifier qu'un adjectif ou un adverbe : *Cet homme est* TRÈS-*savant; cette personne agit* TRÈS-*sagement.* Avant les noms, on fait usage de *bien, extrêmement; j'ai* BIEN *faim, j'ai* EXTRÊMEMENT *soif.*

5. *Là* QUE.

Là où... : hiatus et périssologie; hiatus à cause de la rencontre des voyelles *a, o;* périssologie, parce que l'idée de lieu est exprimée deux fois. Il faut remplacer *où* par *que*, conjonction qui servira simplement à joindre ensemble les deux propositions, et dire : *c'est là* QUE, etc.

6. *Serre.* — *Resserre*, dans le sens de construction où l'on abrite des végétaux originaires des pays chauds, est un barbarisme.

7. *Les* PULMONIQUES. — *Les poumoniques... Poumonique* dérive de *poumon*, et l'analogie semble autoriser l'emploi de ce mot; mais l'étymologie latine *pulmo*, *pulmonarius*, ainsi que l'usage et l'Académie, y est contraire. (*Gram. des Gr.*)

LXII

LE RUISSEAU ET LA MONTAGNE

Un Ruisseau *serpentait au fond d'un vallon sans bruit* (1). out en cheminant ainsi, il arriva au pied d'une haute ontagne qui fermait le vallon. « On ne passe pas, s'écria Montagne *d'une voix de Centaure* (2). » Le Ruisseau ntimidé n'insista pas, et *je vous promets* (3) qu'il fit bien, ır la Montagne ne se serait pas laissé attendrir; il prit onc un parti beaucoup plus sage : il attendit patiemment. es eaux, arrêtées par l'obstacle, s'accumulèrent. D'abord e fut une mare tout obscure visitée seulement du héron olitaire *qui y venait chercher sa proie* (4). *Puis ensuite il evint un étang spacieux* (5), à la surface tranquille, et éfléchissant dans ses ondes le bel azur du ciel. Enfin, *il rit davantage encore d'extension* (6), et devint un lac mmense; des navires voguèrent sur ses eaux, il eut ses orts et ses *tempêtes orageuses* (7), il battit audacieusenent le flanc de la Montagne qui s'était montrée si fière

et si dédaigneuse, et trouva l'issue qu'elle lui avait r
fusée.

CORRIGÉ RAISONNÉ

1. *Serpentait* SANS BRUIT *au fond d'un vallon.*

Serpentait au fond d'un vallon SANS BR
Cette construction présente une équivoq
sans bruit semble se rapporter à *vallon.* P
faire disparaître cette équivoque, il suffit
rapprocher *sans bruit* de *serpentait : un ru
seau* SERPENTAIT SANS BRUIT, etc.

2. *D'une voix de* STENTOR.

Stentor est un homme dont parle Hom
au 5e livre de l'*Iliade*. Sa voix était plus éc
tante que l'airain ; seul il se faisait enten
de plus loin que cinquante hommes les p
robustes, et il servait de trompette à l'arm

C'est par allusion à cet homme que l'on
d'une personne qui a la voix extrêmem
forte : « Elle a une voix de Stentor. »

Quelques personnes disent : *une voix*
CENTAURE, mais c'est une faute grossière.

3. *Je vous assure.*

Promettre présente à l'esprit l'idée d'
chose future ; car la promesse ne peut a
pour objet ni ce qui est actuel, ni ce qui
passé ; on ne peut donc pas le faire sui
d'un verbe au présent ou au passé, com
dans cette phrase : *Je vous* PROMETS *qu'il
bien.* Il faut employer un autre verbe, *assur*
par exemple : *je vous* ASSURE *qu'il fit bien*

4. *Qui* VENAIT *y chercher sa proie.*

Qui y : l'euphonie exige que l'on rappro
le pronom *y* du verbe *chercher : qui* VENAI
chercher sa proie.

5. *Puis il devint.*

Puis ensuite : périssologie, *puis* et *ensu*
exprimant la même idée.

6. *Il prit* PLUS *d'extension encore,*

On ne peut pas dire : *il prit* DAVANTA
D'*extension. Davantage*, d'après l'usage a
tuel, ne peut avoir de complément.

7. *Tempêtes.*

Supprimez *orageuses*, qui forme une péri
sologie.

LXIII

LE VÉSUVE

Au pied du Vésuve, la campagne est la plus fertile et mieux cultivée que j'aie trouvée dans le royaume de aples, c'est-à-dire dans la contrée de l'Europe *que le ciel la plus favorisée* (1). *Les ceps de vigne* (2) dont le vin est ppelé *lacryma-christi*, se trouvent dans cet endroit, et out à côté des terres que la lave a dévastées. La nature émble s'être plu à faire un dernier effort en ce lieu voi-in du volcan, et s'être parée de ses plus beaux dons *au-aravant que de périr* (3). À mesure qu'on s'élève, *l'on écouvre* (4), en se retournant, Naples et l'admirable pays ui l'environne; la mer, comme un amas de pierres pré-ieuses, scintille sous les rayons du soleil; mais toute la plendeur des choses que Dieu a créées s'éteint par de-grés jusqu'à la terre de cendre et de fumée qui annonce l'approche du volcan. Les laves que le volcan a vomies es années précédentes ont tracé sur le sol leur large et noir sillon; *et tout est aride alentour d'elles* (5). A une certaine hauteur, les oiseaux ne volent plus; à telle autre, la plupart des plantes cessent de croître; puis les insectes mêmes ne trouvent plus rien dans cette nature *que la flamme a consommée* (6). Enfin tout ce qui a vie disparaît : vous entrez dans l'empire de la mort, et la cendre de cette terre tout aride et toute pulvérisée roule sous vos pieds mal affermis. Un ermite habite là sur les confins de la vie et de la mort. Un arbre, le dernier adieu de la végétation, est devant sa porte : que de voyageurs se sont reposés à l'ombrage de son pâle feuillage, en attendant *que la nuit vienne* (7) leur permettre de continuer leur route! Car, pendant le jour, les feux du Vésuve n s'aperçoivent que comme un nuage de fumée; et la lav si ardente de nuit, n'est que sombre à la clarté du solei Cette métamorphose elle-même est un beau spectacle q renouvelle, chaque soir, l'étonnement que la continui du même aspect pourrait affaiblir.

—

CORRIGÉ RAISONNÉ

1. *Que le ciel a* LE *plus favorisée.*	*La plus favorisée...* Il faut dire : LE *plu favorisée; le plus* est ici une locution adver viale qui modifie *favorisée.*
2. *Les ceps de* LA *vigne.*	*Les ceps de vigne...* Le nom *vigne* étan déterminé par la proposition *dont le vin es appelé lacryma-christi,* doit être précédé d l'article : *les ceps de* LA *vigne dont,* etc.
3. AVANT *de périr.*	*Auparavant que de périr...* La véritabl manière d'employer *auparavant,* c'est d'e faire un adverbe marquant priorité de temps comme dans cet exemple : *Alexandre donn à Porus un royaume plus grand que celu qu'il avait* AUPARAVANT. Ceux qui parlent et qu écrivent le mieux ne s'en servent jamais qu de cette façon; mais ceux qui négligent l pureté du langage font de cet adverbe une préposition, et au lieu de dire : AVANT *de périr,* ils disent : AUPARAVANT QUE *de périr.* Cette façon de parler blesse tellement les oreilles délicates, qu'on doit soigneusement l'éviter.
4. *On découvre.*	*L'on découvre...* Il faut remplacer *l'on* par *on;* aucune consonnance désagréable ne réclame l'emploi de L'.
5. *Et tout est aride* AUTOUR *d'elles.*	*Alentour d'elles... Alentour* est un adverbe et rejette tout complément. Il faut dire : *et tout est aride* ALENTOUR, ou bien : *et tout est aride* AUTOUR *d'elles.*
6. *Que la flamme a* CONSUMÉE.	*Que la flamme a consommée...* En parlant du feu, c'est *consumée* qu'il faut dire.
7. *Que la nuit* VINT.	*Que la nuit vienne...* On veut dire ici : *en attendant que la nuit* VIENDRAIT; c'est donc un conditionnel futur qu'on veut exprimer, et, par conséquent, le 2e temps du subjonctif qu'il faut employer.

LXIV

LE BIENFAIT PERPÉTUEL

Mon cher monsieur Web,

J'ai reçu la vôtre du quinze courant (1). Le tableau que ous me faites de votre situation *me surprend et fait de peine* (2). Je vous envoie ci-inclus un billet de dix uis. Je ne prétends pas vous donner cette somme, *je ne is que de vous la prêter* (3). Lorsque vous retournerez ns votre patrie avec une bonne réputation, vous ne urrez manquer de prendre un intérêt dans quelque affire, qui vous mettra en état de payer vos dettes; dans cas, si vous rencontrez *un homme honnête* (4) qui se ouve dans une détresse semblable à celle que vous rouvez maintenant, vous me payerez en lui prêtant tte somme, et vous lui enjoindrez d'acquitter sa dette par ne semblable opération, dès qu'il sera en état de le faire qu'il en trouvera une occasion du même genre. J'espère que les dix louis passeront de la sorte par beaucoup e mains avant de tomber dans celles d'*un homme malonnête* (5) qui veuille en arrêter la marche. C'est un arfice que j'emploie pour faire beaucoup de bien avec peu 'argent. *Je ne suis pas assez fortuné* (6) pour en consarer beaucoup à de bonnes œuvres, et je suis obligé d'user 'adresse afin de faire le plus possible avec peu. C'est en ous offrant tous mes vœux pour votre prospérité future, ue j'ai l'honneur d'être, mon cher monsieur,

Votre très-humble serviteur,

B. FRANKLIN.

—

CORRIGÉ RAISONNÉ

1. *J'ai reçu* VOTRE LETTRE *du quinze courant.*	*J'ai reçu la vôtre du quinze courant...* Le pronoms possessifs doivent toujours remplace un nom précédemment exprimé; il faut don dire : *j'ai reçu votre lettre du,* etc.
2. ME *surprend et* ME *fait de la peine.*	*Me surprend et fait de la peine...* On d surprendre *quelqu'un* et faire de la peine *quelqu'un;* il faut donc donner à chaque verb le complément qui lui convient; or, le mêm pronom personnel *me* ne peut être tout à la fo complément direct et complément indirec Pour rendre la phrase régulière, il faut répé ter ce pronom et dire : ME *surprend et* M *fait de la peine.*
3. *Je ne fais que vous la prêter.*	*Je ne fais que de vous la prêter* signifiera que je vous ai prêté cette somme tout ré cemment; or, ce n'est pas ce que Franklir l'auteur de cette lettre, a voulu dire. Il veu faire entendre qu'il ne donne pas cette somm mais qu'il la prête seulement. La suppressio de la préposition *de* suffit pour donner ce ser à la phrase : *je ne fais que vous la prêter.*
4. *Un* HONNÊTE HOMME.	Ne confondez pas un *homme honnête* ave un *honnête homme* : celui-ci a de la probité celui-là n'a que de la politesse.
5. *Un* MALHONNÊTE HOMME.	Un *malhonnête homme* est un homme qu n'a ni probité ni sentiment d'honneur; u *homme malhonnête* est un homme qui fait de choses contraires à la civilité, à la bienséance
6. *Je ne suis pas assez* RICHE.	*Je ne suis pas assez fortuné... Fortuné* n doit jamais s'employer dans le sens de *riche*

LXV

MOÏSE

Ce grand homme a écrit les œuvres de Dieu *avec exactitude et simplicité* (1) qui commandent la croyance e l'admiration. Il a joint aux choses passées l'origine et le nciennes traditions du peuple de Dieu, les merveilles ue Dieu faisait actuellement pour sa délivrance. *De eci* (2) il n'allègue point aux Israélites d'autres témoins ue leurs yeux. Il ne leur conte point des choses qui se oient passées dans des retraites impénétrables et dans es antres profonds. Il ne leur parle point en l'air; il par-icularise et circonstancie toutes choses, *comme on fait uand on ne craint pas qu'on vous démente* (3). Il fonde outes ses lois sur les merveilles qu'ils ont vues s'opérer. Ces merveilles n'étaient rien moins que la nature changée out à coup, en maintes occasions, pour les délivrer et pour punir leurs ennemis : la mer séparée en deux, la erre entr'ouverte, un pain céleste, des eaux abondantes *irées par un coup de verge des rochers* (4), le ciel qui leur donnait un signal visible pour marquer leur marche, et d'autres miracles semblables qu'ils ont vus durer quarante ans. Pour imprimer dans les esprits l'unité de Dieu et l'uniformité de son culte, *Moïse assure que, dans la Terre promise, ce Dieu unique choisirait un lieu* (5) dans lequel seul se feraient les fêtes, les sacrifices et tout le service public. En attendant, Moïse construisit le tabernacle; *c'était dans ce temple portatif où les enfants d'Israël présentaient leurs vœux* (6) à Celui par qui avaient été créés le ciel et la terre, et qui ne dédaignait pas de voyager, pour ainsi dire, avec eux et de les conduire.

—

CORRIGÉ RAISONNÉ

1. *Avec* UNE *exactitude et* UNE *simplicité.* — *Avec exactitude et simplicité...* Les noms *exactitude* et *simplicité* étant déterminés par la proposition *qui commandent la croyance et l'admiration*, doivent être précédés chacun d'un déterminatif.

2. *De* CELA.	*Cela* se rapporte à ce qui précède ; *ceci*, à ce qui suit. C'est donc le premier de ces deux pronoms qu'il faut employer ici.
3. *Comme on fait quand on ne craint pas* D'ÊTRE DÉMENTI.	*Comme* ON *fait quand* ON *ne craint pas qu'*ON *vous démente*... Ces *on* employés en rapports divergents, c'est-à-dire représentant des personnes différentes, présentent une construction louche et embarrassée qu'il faut éviter avec le plus grand soin.
4. *Tirées des rochers par un coup de verge.*	*Tirées par un coup de verge des rochers*... Construction vicieuse ; le complément le plus court, *des rochers*, doit être placé le premier ; l'harmonie et la clarté exigent cette construction.
5. *Moïse assure que, dans la Terre promise, ce Dieu unique* CHOISIRA *un lieu.*	*Moïse* ASSURE *que... ce Dieu...* CHOISIRAIT. Dans cette phrase et dans toutes les phrases analogues, le verbe de la deuxième proposition doit être au futur : *Moïse assure que... ce Dieu...* CHOISIRA.
6. *C'était dans ce temple portatif* QUE *les enfants d'Israël présentaient leurs vœux.*	*C'était dans ce temple portatif où les enfants d'Israël présentaient leurs vœux... Dans ce temple où*, c'est-à-dire *dans ce temple dans lequel :* périssologie, le même rapport de lieu étant exprimé deux fois. On corrige en remplaçant *où* par *que*, conjonction qui marque simplement que la seconde proposition est sous la dépendance de la première.

LXVI

PIÉTÉ FILIALE CHEZ UN VIEILLARD

Le jardinier Lenôtre, qui a planté les jardins de Versailles et des Tuileries, *s'est acquis autant de célébrité comme les architectes* (1) qui ont élevé ces palais. *Non-seulement sa réputation s'étendit en France, mais encore dans l'Europe entière* (2). De toutes parts on s'adressait à lui pour obtenir des plans et des dessins de jardins et de parcs, destinés à embellir les résidences royales et les châteaux des grands seigneurs. Lenôtre n'en conservait pas moins la plus grande simplicité ; il était d'un abord facile et *s'exprimait à la bonne flanquette* (3). Il avait en outre cette naïveté de sentiments que lui avaient donnée sa profession et l'exemple de son père, *qui était le plus excellent des hommes* (4) et dont il garda jusqu'à la fin de ses jours le plus pieux et le plus tendre souvenir.

Trois mois et demi *auparavant la mort de Lenôtre* (5), le roi, *qui aimait le voir et le faire causer* (6), le mena dans ses jardins et, à cause de son grand âge, — il avait quatre-vingt-huit ans, — le fit mettre dans une chaise que des porteurs roulaient à côté de la sienne, et Lenôtre disait : « Ah! mon bon père, si tu vivais et que tu pusses voir un pauvre jardinier comme moi, ton fils, *promener en chaise* (7) à côté du plus grand roi de la terre, rien ne manquerait à ma joie. »

—

CORRIGÉ RAISONNÉ

1. *S'est acquis autant de célébrité* QUE *les architectes.*	*Autant... comme...* : périssologie; l'idée de comparaison étant exprimée par *autant,* n'a pas besoin de l'être une seconde fois par *comme.* La faute disparaît si l'on remplace *comme* par *que,* conjonction qui sert simplement à joindre les deux termes de la comparaison.
2. *Sa réputation s'étendit non-seulement en France, mais encore dans l'Europe entière.*	Les locutions *non-seulement, mais encore* doivent précéder immédiatement les mots auxquels elles se rapportent par le sens. Par conséquent, on ne peut pas dire NON-SEULEMENT *sa réputation s'étendit en France,* MAIS ENCORE *dans l'Europe entière,* parce que, dans cette phrase, *non-seulement* se rapporte à *France* et non à *réputation.*
3. *S'exprimait à la bonne* FRANQUETTE.	*A la bonne flanquette* est un barbarisme : il faut dire : *à la bonne* FRANQUETTE, c'est-à-dire *franchement, ingénument.*
4. *Qui était* UN *excellent homme.*	*Qui était le plus excellent des hommes* : l'adjectif *excellent,* exprimant par lui-même

la qualité portée au plus haut degré, ne saurait avoir de superlatif. Les adjectifs *extrême*, *immense*, *parfait*, *suprême*, etc., sont dans le même cas.

5. Avant *la mort de Lenôtre.*

Auparavant la mort de Lenôtre... Auparavant est adverbe, et par conséquent ne saurait avoir de complément; il faut remplacer ce mot par la préposition *avant*.

6. *Qui aimait* à *le voir et* à *le faire causer.*

Qui aimait le voir, etc. *Aimer*, quand il a un infinitif pour complément, veut être suivi de la préposition explétive *à* : *qui aimait* à *le voir*, etc. Cette préposition, comme toutes celles qui n'ont qu'une seule syllabe, se répète d'ailleurs avant chaque mot.

7. Se *promener en chaise.*

Promener en chaise... Promener dans le sens d'aller, de marcher, s'emploie toujours avec les pronoms personnels compléments *me, te, se, nous, vous*. Ainsi, on ne peut pas dire, par exemple : *allons promener*; il faut dire : *allons* nous *promener*.

LXVII

DES JUGEMENTS EN ÉGYPTE

Trente juges étaient tirés des principales villes de l'Égypte pour composer la compagnie qui jugeait tout le royaume. On était accoutumé à ne voir dans ces places que *les gens qui s'étaient les plus distingués* (1) par leur probité. Le prince leur assignait certains revenus, afin que, affranchis des embarras domestiques, *ils puissent* (2) donner tout leur temps à faire observer les lois. Ils ne tiraient rien des procès qu'on leur avait donnés à juger : on ne s'était point encore avisé de faire un trafic de la justice. *Pour éviter les surprises, les affaires étaient traitées par écrit dans cette assemblée* (3); on y craignait la fausse éloquence, par laquelle les esprits se sont trop souvent laissé éblouir. La vérité ne pouvait être expliquée d'une manière trop sèche. Le président du sénat portait ***un collier d'or et de pierres précieuses à qui*** (4) était appendue une figure sans yeux qu'on appelait la Vérité. Quand il la prenait, c'était le signal pour commencer la séance; il l'appliquait ensuite à la partie qui avait gagné sa cause, et ***c'était la forme de prononcer les sentences*** (5). Mais il y avait en Égypte une espèce de jugement ***dont personne n'échappait*** (6). Aussitôt qu'un homme était mort, on l'amenait en jugement. L'accusateur public était écouté. ***S'il prouvait que la conduite du mort eût été mauvaise*** (7), ***on en condamnait la mémoire*** (8), et il était privé de sépulture. Si le mort n'était convaincu d'aucune faute, on l'ensevelissait honorablement; on faisait son panégyrique, mais sans y rien mêler de sa naissance : en Égypte, on ne goûtait de louanges que celles qu'on s'attirait par son mérite.

—

CORRIGÉ RAISONNÉ

1. *Les gens qui s'étaient* LE *plus distingués.*	*Les gens qui s'étaient les plus distingués* : il faut dire : LE *plus distingués*. Ici, *le plus* est une locution adverbiale qui modifie *s'étaient distingués*.
2. *Ils* PUSSENT.	*Ils pussent* est employé dans le sens de *pourraient*, c'est-à-dire d'un conditionnel futur; c'est donc au 2e temps du subjonctif que ce verbe doit être mis : *afin qu'ils pussent*.
3. *Pour éviter les surprises, on traitait les affaires par écrit dans cette assemblée.*	*Pour éviter... les affaires étaient traitées...* On ne sait à quoi se rapporte le complément circonstanciel *pour éviter les surprises;* il faut dire : *pour éviter... on traitait*, etc.
4. *Un collier d'or et de pierres précieuses* AUQUEL.	*À qui* ne se dit que des personnes et des choses personnifiées.
5. *C'était la* MANIÈRE *de prononcer les sentences.*	On ne dit plus *la forme de* avec un verbe; on corrige facilement en remplaçant *forme* par *manière*.

6. AUQUEL *personne n'échappait.*	*Dont personne n'echappait... Échapper,* dans le sens de *cesser d'être où l'on était, sortir de,* etc., prend la préposition *de ;* mais dans le sens de *se soustraire, se dérober,* etc., il veut être suivi de la préposition *à : personne n'échappe* À *la loi,* À *la mort,* etc.
7. *S'il prouvait que la conduite du mort* AVAIT *été mauvaise.*	*Eût été mauvaise...* La grammaire exige AVAIT ÉTÉ *mauvaise :* la chose n'est pas douteuse dès lors qu'elle est prouvée, ce qui est l'hypothèse même.
8. *On condamnait* SA *mémoire.*	*On* EN *condamnait la mémoire,* c'est-à-dire *on condamnait la mémoire du mort. En,* complément indirect, ne s'applique généralement qu'aux choses.

LXVIII

LE BOEUF APIS

Le bœuf Apis, cette idole que les Israélites avaient exigée d'Aaron, *pendant que Moïse recevait, au milieu des foudres et des éclairs multipliés, les Dix Tables de la loi sur le Sinaï* (1), était représenté par un taureau bien buvant et bien mangeant ; on ne le laissait guère vivre *davantage que sept ans et demi* (2), après quoi on le noyait dans une certaine fontaine. Alors tout le peuple prenait le deuil, pleurant et poussant des lamentations *jusqu'à tant qu'on l'eût retrouvé* (3). On était quelquefois assez longtemps à le chercher : *il fallait qu'il soit noir par tout le corps* (4), excepté au milieu du front, où il devait avoir une tache blanche de figure carrée, et au flanc droit, où devait se trouver une autre petite tache blanche en forme de croissant. Quand les prêtres l'avaient trouvé, ils en donnaient avis au peuple de Memphis. Alors on allait en grande cérémonie au-devant de ce nouveau dieu. Quatre-vingts prêtres, vêtus de robes de lin, marchaient nu-pieds et tête nue, portant à la main, les uns un encensoir, les autres un sistre, espèce de tambour de basque. Une troupe de jeunes enfants chantaient en chœur des hymnes composées tout exprès, et, de cette sorte, on amenait le dieu jusqu'à la porte de son temple. *Près de ce temple, près ce temple* (*choisissez*) (5), était un puits d'où l'on tirait de l'eau pour sa boisson. Voici comment on prenait les auspices de *ce dieu plaisant* (6) : on lui présentait de la nourriture; s'il en prenait, c'était une réponse favorable; tout au contraire, s'il n'en prenait point. Tels sont les renseignements que j'ai trouvés sur le bœuf Apis, cette singulière divinité que les Égyptiens ont si longtemps adorée.

—

CORRIGÉ RAISONNÉ

1. *Pendant que Moïse recevait les Dix Tables de la loi sur le Sinaï, au milieu des foudres et des éclairs multipliés.* — Dans cette proposition, le verbe *recevait* a trois compléments : un complément direct : *les Dix Tables de la loi*; un complément circonstanciel : *sur le Sinaï*; enfin, un autre complément circonstanciel : *au milieu des foudres et des éclairs multipliés*. Or, dans ce cas, l'euphonie veut que le complément le plus long s'énonce le dernier.

2. PLUS DE *sept ans et demi.* — *Davantage que* n'est pas français : *davantage* s'emploie absolument, c'est-à-dire sans complément.

3. *Jusqu'à* CE *qu'on l'eût retrouvé.* — *Jusqu'à tant que* n'est pas français non plus ; dites : *jusqu'à ce que.*

4. *Il fallait qu'il* FÛT *noir par tout le corps.* — *Il fallait qu'il soit noir*... Dans le sens affirmatif, on dirait : *il devait être, il serait*; c'est donc un futur conditionnel qu'on veut exprimer, et, par conséquent, le 2e temps du subjonctif qu'il faut employer.

5. *Près* DE *ce temple.* — Ce n'est que dans le langage familier qu'il est permis de supprimer la préposition *de*, dans *près de;* encore cette licence ne serait-elle pas autorisée, même dans le discours familier, si le mot suivant était un monosyllabe :

près lui, près vous, près moi, seraient insupportables.

6. *Ce plaisant dieu.* *Plaisant* est un de ces adjectifs qui changent de signification selon qu'ils sont placés avant ou après le nom. Ainsi, par exemple, un *plaisant personnage* est un impertinent digne de mépris, et un *personnage plaisant* est celui dont le rôle est rempli de traits divertissants, de saillies fines, de reparties ingénieuses. On voit, d'après cela, qu'il faut dire ici, par analogie, un *plaisant dieu,* et non un *dieu plaisant.*

LXIX

LES PYRÉNÉES DANS LA BASSE-NAVARRE

Là, les Pyrénées, voisines déjà de l'océan, *perdent un peu de hauteur qui les rend si majestueuses* (1) dans les environs de Bagnères et vers le mont Perdu. Leurs croupes ne se cachent plus sous un manteau de neiges éternelles. Vous ne rencontrez plus de torrents destructeurs, d'amphithéâtres de rochers, d'abîmes sans fond : la nature se montre partout bienfaisante; il n'est point de scène qui ne respire un air de richesse et de vie. Ce n'est pas assez que des vergers, des cultures, *des gras pâturages* (2) embellissent les vallées, et que le penchant des montagnes se revête de sycomores, de chênes et d'arbres fruitiers : la crête sourcilleuse est aussi couronnée de bois, vastes guirlandes qui, *dépliant leurs festons* (3) sur les contours de la chaîne immense, donnent un cadre magnifique à un magnifique tableau. Souvent, la métairie est suspendue, *aussi bien comme la hutte du pasteur* (4), à ces fortunés sommets; et des champs de tomates, de concombres et de maïs s'y succèdent, non moins fertiles que dans les plaines u'arrose l'Adour. À peine quelques pics dépouillés, ***ceux tteints seulement par les nuages*** (5), ignorent le travail de homme et sa sueur féconde. Mais ceux-là même n'atristent point les yeux: leur front n'a rien de sévère. Le hym odorant et la bruyère fleurie y attachent leur parure. Épars comme une décoration vivante, ***des troupeaux de hèvres et de brebis animent et bondissent dans ces solitudes*** (6); et sur ces pointes altières, le bœuf, détaché du sol par les vapeurs qui flottent autour de ces hauts lieux, semble être encore le dieu de la vieille Égypte.

—

CORRIGÉ RAISONNÉ

1. *Perdent un peu de* LA *hauteur qui les rend si majestueuses.*	*Perdent un peu de hauteur...* Ici, le nom *hauteur* est déterminé par la proposition *qui les rend si majestueuses;* il doit donc être précédé de l'article : *un peu de* LA *hauteur qui les rend si majestueuses.*
2. DE *gras pâturages.*	*Des gras pâturages...* Lorsqu'un nom, *pâturages*, est pris dans un sens partitif et précédé d'un adjectif qualificatif, on met simplement *de,* c'est-à-dire qu'on supprime l'article.
3. DÉPLOYANT *leurs festons.*	*Dépliant leurs festons...* On veut dire ici : *développant, faisant paraître, montrant, étalant*; or, c'est le verbe *déployer* qui a cette signification, et non *déplier,* qui veut dire *étendre, défaire, ouvrir une chose mise en un ou en plusieurs doubles.*
4. *Aussi bien* QUE *la hutte du pasteur.*	*Aussi bien comme...* Périssologie; l'idée de comparaison étant exprimée par *aussi*, n'a pas besoin de l'être une seconde fois par *comme.* Remplacez *comme* par la conjonction *que,* qui exprime un simple rapport de jonction entre les deux termes de la comparaison.
5. *Ceux* QUI NE SONT *atteints que par les nuages.*	*Ceux atteints...* Les pronoms *celui, ceux, celle, celles* ne peuvent pas être suivis immédiatement d'un adjectif ou d'un participe; ils ont besoin, pour être modifiés par un adjectif ou un participe, d'être suivis d'un pronom conjonctif : *ceux* QUI NE SONT *atteints que par les nuages.*
6. *Des troupeaux de*	*Des troupeaux animent et bondissent dans*

chèvres et de brebis BONDISSENT *dans ces solitudes et* LES ANIMENT.	*ces solitudes...* On dit *bondir* dans un lieu et *animer* un lieu; il faut donc donner à chacun de ces verbes le complément qui lui convient.

LXX

MANIÈRE DE GUÉRIR UN ÉLÈVE DE SES EMPORTEMENTS

Le duc de Bourgogne, petit-fils de Louis XIV, tombait souvent dans de violents emportements; Fénelon, son précepteur, laissait alors passer ce moment d'orage, où la raison n'aurait pas été entendue. *Il ordonnait qu'on le serve en silence* (1), et *qu'on lui montre un visage morne* (2). Tous ses exercices, quels qu'ils fussent, étaient suspendus; *il semblait que personne n'osait plus communiquer avec lui* (3), et *qu'on ne le croyait plus digne d'aucune occupation raisonnable* (4). Bientôt le jeune homme, épouvanté de la solitude que lui avait value sa conduite, troublé de l'espèce de frayeur qu'il avait inspirée, agité par les remords de sa conscience, venait demander grâce et prier *qu'on le réconcilie avec lui-même* (5). C'est alors que Fénelon, profitant des avantages que lui donnaient son âge et son expérience, faisait sentir au jeune prince le peu de raison qu'il avait montré dans sa conduite, lui faisant voir *combien il était triste de se faire craindre* (6) et de s'entourer de la consternation. Sa voix, tout émue et toute paternelle, pénétrait dans un cœur que se partageaient la honte et le repentir, et les larmes de son élève arrosaient ses mains toutes tremblantes. Ainsi, *c'était toujours dans l'âme du prince dans laquelle Fénelon prenait les armes* (7) dont il combattait les défauts de son élève; il ne l'éclairait que par les témoignages de sa conscience, et ne le punissait qu'en le faisant rougir de lui-même. Cette espèce de châtiment est sans doute *le plus salutaire* (8); car l'humiliation qui vient d'autrui est un outrage, *celle venant* (9) de nous est une leçon.

CORRIGÉ RAISONNÉ

1. *Il ordonnait* DE LE SERVIR *en silence.*	*Il ordonnait qu'on le serve en silence...* *Serve* est employé dans le sens de *servirait*, c'est-à-dire d'un futur conditionnel; il faudrait donc mettre le verbe *servir* à l'imparfait du subjonctif : *il ordonnait* QU'ON LE SERVÎT *en silence*; mais il vaut mieux dire : *il ordonnait* DE LE SERVIR *en silence*; l'emploi de l'infinitif, ne présentant aucune équivoque, est préférable au mode subjonctif, qui rend la phrase lourde et traînante.
2. *Et* DE LUI MONTRER *un visage morne.*	*Et qu'on lui montre un visage morne...* D'après ce qui précède, il faut dire : *et* QU'ON LUI MONTRÂT *un visage morne*, ou plutôt : DE LUI MONTRER *un visage morne*.
3. *Il semblait que personne* N'OSÂT *communiquer avec lui.*	*Il semblait que personne n'osait*, etc. Au positif, on dirait : *personne n'osait*; c'est donc l'imparfait du subjonctif qu'il faut employer : *il semblait que personne* N'OSÂT, etc.
4. *Et qu'on ne le* CRÛT *plus digne d'aucune occupation.*	*Et qu'on ne le croyait plus digne*, etc. Ici encore, il faut dire : *et qu'on ne le* CRÛT *plus digne d'aucune occupation raisonnable.*
5. *Qu'on le* RÉCONCILIÂT *avec lui-même.*	*Qu'on le réconcilie avec lui-même.* On veut exprimer un futur conditionnel : c'est donc *réconciliât* qu'il faut dire. On pourrait dire aussi : *de le réconcilier avec lui-même*, mais les trois infinitifs *demander*, *prier*, *réconcilier* formeraient, par leur trop grand rapprochement, une consonnance peu agréable à l'oreille.
6. *Combien il* EST *triste de se faire craindre.*	*Combien il était triste*, etc. On veut exprimer ici une chose vraie dans tous les temps; c'est donc le présent et non l'imparfait qu'il convient d'employer : *combien il* EST *triste.*
7. *Ainsi, c'était toujours dans l'âme du jeune prince* QUE *Fénelon prenait les armes.*	*C'était toujours dans l'âme... dans laquelle Fénelon*, etc. : périssologie; remplacez *dans laquelle* par *que*, et la faute disparaîtra.

8. LA *plus salutaire.*	Ici, il y a comparaison; c'est, par conséquent, l'adjectif qualificatif *salutaire* au superlatif relatif qu'il faut employer; il faut donc dire : LA *plus salutaire.*
9. *Celle* QUI *vient.*	Le pronom démonstratif *celle* ne saurait être suivi immédiatement d'un participe présent; il faut dire : *qui vient.*

LXXI

AMOUR DES VIEILLARDS POUR LEURS PETITS-ENFANTS

On s'étonne de la tendresse des vieillards *vis-à-vis de leurs petits-enfants* (1), surtout quand on remarque que cette tendresse est souvent plus vive *que celle éprouvée par eux pour leurs propres enfants* (2). Et cependant je doute qu'il y ait quelque chose de plus naturel : c'est un des derniers bienfaits de la Providence en faveur de l'homme qui est *prêt à*, *près de (choisissez)* (3) quitter ce monde. Jeune, cet homme, qu'entraînaient les passions ou que préoccupaient les soucis de la fortune, n'a pu donner à ses enfants qu'une partie de son cœur; devenu vieux, au temps où ses passions se sont apaisées, *et où l'avenir ici-bas est presque plus rien pour lui* (4), il se rattache à ce qui se présente, et se donne tout entier aux objets de sa tendresse. Ses compagnons *de plaisir* ou de *plaisirs (choisissez)* (5) se sont dispersés, ses enfants mêmes ont quitté ses côtés; il se sent presque abandonné, et c'est sur ses petits-enfants, jouant à ses pieds, *sur qui retombent les tendres affections* (6) qui veulent encore naître dans son cœur. Charmé de trouver des êtres qui ont besoin de son amour, et *qui le caressent avec sincérité* (7) que donnent l'innocence et la joie du premier âge, il se livre avec eux, et dans une parfaite sécurité, à de doux sentiments qu'une cruelle expérience du monde avait depuis longtemps refoulés dans son sein ; il ose aimer, parce qu'on répond à son amour. Son âme est tout occupée et il ne se sent plus seul au milieu des hommes ; son existence lui semble se prolonger, *son imagination se porte sur des temps où il ne sera plus, avec avidité* (8) ; cette génération qui est sortie de lui, qu'il a vue naître et qui s'élève sous ses yeux, lui découvre en quelque sorte l'avenir de sa famille : n'est-ce pas là la plus douce consolation *que la Providence lui a réservée* (9) au soir de la vie, et n'est-il pas naturel *qu'il aime davantage qu'autrefois* (10)? Toute son existence se réunit dans ce dernier amour.

—

CORRIGÉ RAISONNÉ

1. POUR *leurs petits-enfants.*	*Vis-à-vis de leurs petits-enfants...* La locution prépositive *vis-à-vis de* signifie *en face de, à l'opposite de,* et ne peut jamais s'employer pour *envers, à l'égard de, pour.*
2. *Que celle* QU'ILS ONT *éprouvée pour leurs propres enfants.*	*Que celle éprouvée,* etc. Les pronoms démonstratifs ne peuvent être suivis immédiatement d'un participe, soit présent, soit passé ; on restreint la signification de ces pronoms au moyen d'une proposition commençant par un pronom conjonctif : *qu'ils ont éprouvée.*
3. *Près de.*	On veut dire ici : *qui est* SUR LE POINT *de quitter ce monde ;* c'est donc *près de* qu'il faut employer, et non *prêt à,* qui signifie *préparé à, disposé à.*
4. *Et où l'avenir ici-bas* N'*est presque plus rien pour lui.*	*Et où l'avenir ici-bas est,* etc. Il faut ajouter *ne* pour que la négation soit complète : *ne... rien.*
5. *De plaisirs.*	Il s'agit ici des *divertissements de la vie :* c'est donc *de plaisirs* qu'il faut dire.
6. QUE *retombent les tendres affections.*	*C'est sur ses petits-enfants... sur qui,* etc. : périssologie ; remplacez *sur qui* par *que,* et la faute disparaîtra.

7. *Qui le caressent avec* LA *sincérité.*	*Qui le caressent avec sincérité;* le nom *sincérité* étant pris dans un sens déterminé, doit être précédé de l'article.
8. *Son imagination se porte avec avidité sur des temps où il ne sera plus.*	*Son imagination*, etc. : construction vicieuse; il faut rapprocher l'expression *avec avidité* du mot *porte*, qu'elle modifie.
9. *Que la Providence lui* AIT *réservée.*	*Que la Providence lui a réservée.* Il faut mettre le verbe de la proposition subordonnée au subjonctif. L'expression *la plus douce consolation* étant décisive, absolue, on affaiblit l'assertion par l'emploi d'une expression dubitative et en quelque sorte palliative; aussi peut-on rapporter à l'euphémisme cet emploi du subjonctif.
10. *Qu'il aime* PLUS *qu'autrefois.*	*Davantage que* n'est pas français; il faut dire *plus que.*

LXXII

SINGULIERS QUIPROQUOS

Frédéric le Grand avait coutume, toutes les fois qu'il remarquait parmi les soldats de sa garde un nouveau venu, de lui faire ces trois questions : « *Quel âge que vous avez* (1)? *Depuis combien de temps que vous êtes à mon service* (2)? Recevez-vous régulièrement votre paye et votre habillement? » Un jeune Français désira entrer dans la compagnie des gardes. *Sa figure le fit accepter de suite* (3); mais il n'entendait pas l'allemand. Son capitaine le prévint que le roi le questionnerait, et il lui recommanda d'apprendre par cœur les trois réponses qu'il aurait à faire. Il les sut bientôt. Frédéric vint à lui pour l'interroger; mais il commença par la seconde question et lui demanda : « *Combien qu'il y a de temps que vous êtes à mon service* (5)? — Vingt ans, répondit le soldat. » Le oi, frappé de sa jeunesse, qui ne laissait pas présumer *u'il avait porté le mousquet si longtemps* (5), lui dit d'un ir de surprise : « *Quel âge que vous avez* (6)? — Un n. » Frédéric, encore plus étonné, s'écria : « Vous ou noi avons perdu l'esprit. » Le soldat, qui prit ces mots pour la troisième question, répliqua avec fermeté : « L'un et l'autre. » Voilà, dit Frédéric, la première fois que je n'entends traiter de fou. » Le soldat, qui avait épuisé sa provision d'allemand, *garda le silence et ne dit plus rien* (7), et quand le roi, se retournant vers lui, le questionna de nouveau pour pénétrer ce mystère, *il lui dit en français* (8) qu'il ne comprenait pas un mot d'allemand. Frédéric, s'étant mis à rire, lui conseilla d'apprendre la langue qu'on parlait dans ses États, et l'exhorta d'un air de bonté à bien faire son devoir.

—

CORRIGÉ RAISONNÉ

1. *Quel âge* AVEZ-VOUS?	*Quel âge que vous avez?...* Incorrection frappante; d'abord, puisqu'il y a interrogation, le pronom sujet doit être placé avec le verbe; ensuite, le mot *que* forme une périssologie.
2. *Depuis combien de temps* ÊTES-VOUS *à mon service?*	*Depuis combien de temps que vous êtes à mon service?* Même correction.
3. *Sa figure le fit accepter* TOUT *de suite.*	*Sa figure... de suite...* On veut dire que sa figure le fit accepter *à l'instant, sur-le-champ,* c'est donc *tout de suite* qu'il faut employer, et non *de suite,* qui signifie *l'un après l'autre, successivement.*
4. *Combien* Y A-T-IL *de temps que vous êtes à mon service?*	*Combien qu'il y a de temps que vous êtes à mon service?* (Corrigez comme au n° 1.)
5. *Qu'il* EÛT *porté le mousquet si longtemps.*	*Qu'il avait porté,* etc. 1° Il y a dans cette phrase une idée d'incertitude qui veut le verbe de la proposition subordonnée au subjonctif : *qu'il* EÛT PORTÉ; 2° il faut employer le quatrième temps de ce mode, parce qu'on veut exprimer une idée d'antériorité indéfinie.

6. *Quel âge* AVEZ-VOUS?	*Quel âge que vous avez?...* (Corrigez comme au nº 1.)
7. *Garda alors le silence.*	*Et ne dit plus rien... :* périssologie.
8. LE SOLDAT *lui dit en français.*	*Il lui dit en français... Il* est équivoque; on ne sait s'il représente Frédéric ou le soldat.

LXXIII

LE PUY-DE-SANCY

Les pentes orientales du Puy-de-Sancy ont une inclinaison peu rapide, comme l'ont remarqué ceux qui l'ont visité; plusieurs dames se sont même donné le plaisir de se faire transporter en chaise à porteurs jusqu'à son sommet. Ses flancs sont recouverts de graminées touffues *qui, par leur teinte d'un beau vert, charment l'œil* (1). Une nappe d'eau, formée de toutes les sources qui descendent des pentes supérieures, occupe une faible partie d'une plate-forme *sur qui* (2) on reprend haleine *auparavant que de gravir le pic* (3). *Arrivé à son sommet, où se trouvent les débris d'une pyramide en roche volcanique, une brume épaisse* (4) dérobe à l'œil du voyageur la trace même de la voie qu'il a parcourue. L'inscription gravée sur l'une des faces de cette pyramide annonce qu'on a fait une ascension de plus de dix-huit cents mètres, c'est-à-dire qu'on est *sur un des points le plus élevés* (5) de la France centrale. Dès que, sous les rayons de l'astre du jour, se sont dissipées les vapeurs humides, on voit d'un côté la belle vallée du mont Dore, au delà de laquelle s'étend un horizon sans bornes; *et de l'autre* (6), celle d'Enfer, qui ffraye par sa profondeur et par les rochers en obélisque ont elle est hérissée.

—

CORRIGÉ RAISONNÉ

1. *Qui charment l'œil ar leur teinte d'un eau vert.*	*Qui, par leur teinte d'un beau vert, charment l'œil... :* construction vicieuse; le complément le plus long doit être placé le dernier.
2. *Sur laquelle.*	*Sur qui... Qui*, précédé d'une préposition, ne se dit que des personnes et des choses personnifiées; en parlant des choses, il faut remplacer *qui* par *lequel, laquelle*, etc.
3. AVANT *de gravir le ic.*	*Auparavant que de gravir le pic... Auparavant* est un adverbe, et ne peut jamais être suivi de *que de;* il faut le remplacer par la préposition *avant de :* AVANT DE *gravir le pic.*
4. *Arrivé à son somet, où se trouvent les ébris d'une pyramide n roche volcanique, on trouve environné 'une brume épaisse, ui dérobe à l'œil la race même de la voie u'on a parcourue.*	*Arrivé à son sommet, où se trouvent les débris... une brume épaisse*, etc. : construction vicieuse; *arrivé* semble se rapporter à *brume*, ce qui produit une sorte d'équivoque; dites : ARRIVÉ *à son sommet...* ON *se trouve environné*, etc.; le participe passé *arrivé* se rapportera clairement au sujet *on*, et la phrase sera régulièrement construite.
5. *Sur un des points* ES *plus élevés.*	*Sur un des points le plus élevés...* Il y a ici comparaison; c'est, par conséquent, le superlatif relatif qu'il faut employer : LES *plus élevés.*
6. *De l'autre.*	*Et de l'autre...* Supprimez *et;* il n'y a ici aucune idée d'addition.

LXXIV

GROS-JEAN ET SON CURÉ

« Gros-Jean, priez-vous le bon Dieu? — Ma foi, non, monsieur le curé! Je suis fâché de vous l'avouer. — Et pourquoi? — J'ai honte de le dire : *onne m'a appris ni à lir ni l'écriture* (1). — Vous m'étonnez, Gros-Jean; quoi vous ne savez pas la plus petite prière? — Hélas! non — Je vous plains, mon ami; mais il faut prier Dieu; ca ne devez-vous pas le remercier, lui qui vous a mis su cette terre, *et vous a donné une bonne femme et des bon enfants* (2)? Allons, écoutez-moi bien, je veux vous en seigner une prière fort courte que vous réciterez chaqu matin : « AGNEAU DE DIEU, QUI ÔTEZ LES PÉCHÉS DU MONDE AYEZ PITIÉ DE MOI. » Retiendrez-vous bien ce peu d mots? — Oui, monsieur le curé. » L'année suivant Pâques arrive ; notre homme va demander au curé l'ab solution de ses fautes. « Eh bien! Gros-Jean, *vous rappe lez-vous de la prière* (3) que je vous ai enseignée l'anné dernière? — Oui, monsieur le curé, *je m'en rappelle trè bien* (4). — Voyons, *récitez-moi-la* (5). » Et il commence « MOUTON DE DIEU... » — Que dites-vous là? Ma prièr ne commence pas ainsi. — J'en conviens, monsieur l curé, répondit le villageois : il y a un an, c'était u agneau; mais depuis ce temps-là l'*agneau est grandi* (6) et ce doit bien être un mouton à cette heure. »

—

CORRIGÉ RAISONNÉ

1. *On ne m'a appris ni à lire ni* À ÉCRIRE.	*On ne m'a appris ni à lire ni l'écriture.* La conjonction *ni* ne peut joindre ensemb que des mots de même espèce : deux nom deux infinitifs, deux propositions, etc., par raison que les parties qui composent un to doivent être homogènes. Il faut dire : *on n m'a appris ni à lire ni* À ÉCRIRE.
2. *Et vous a donné une bonne femme et* DE *bons enfants.*	*Et vous a donné... des bons enfants...* faut dire : DE *bons enfants;* avant un no précédé d'un adjectif, on emploie *de*, et no *des*, quand on veut exprimer un sens généra et indéterminé.

. *Vous rappelez-* *la prière.*	*Vous rappelez-vous de la prière...* Dites : *vous rappelez-vous la prière;* la chose rappelée doit toujours figurer comme complément direct, et le nom de la personne comme complément indirect. Cependant, *se rappeler*, suivi d'un infinitif, s'emploie avec ou sans la préposition *de : je me rappelle* DE *l'avoir vu* ou *je me rappelle l'avoir vu.*
. *Je* ME LA *rappelle* *s-bien.*	*En* est toujours complément indirect; or, d'après ce que nous venons de dire, il faut ici un complément direct; on remplacera donc *en* par *la : je me* LA *rappelle très-bien.*
. *Récitez*-LA-MOI.	*Récitez-moi-la...* Lorsqu'un impératif a deux pronoms pour compléments, le complément direct doit toujours s'énoncer le premier : *récitez*-LA-MOI.
. *L'agneau* A *grandi.*	*L'agneau est grandi... Grandir* est un de ces verbes qui se conjuguent tantôt avec *être*, tantôt avec *avoir*, selon qu'on veut exprimer l'état ou l'action. Or, ici, c'est évidemment l'action qu'on veut marquer, comme le fait voir l'expression *depuis ce temps-là;* c'est donc l'auxiliaire *avoir* qu'il faut employer : *l'agneau* A *grandi.*

LXXV

MPARAISON DE L'HISTOIRE POLITIQUE ET DE L'HISTOIRE NATURELLE

Comme, dans l'histoire civile, on consulte les titres, recherche les médailles, on déchiffre les inscriptions tiques, *pour la détermination des époques des révolu-ns humaines et constater les dates des événements mo-ux* (1), de même, dans l'histoire naturelle, il faut fouil- les archives du monde, tirer des entrailles de la terre s vieux monuments, recueillir leurs débris, et rassem-er en un corps de preuves tous les indices des changements physiques qui peuvent nous faire remonter au différents âges de la nature. *C'est le seul moyen qu'il a* (2) de fixer quelques points dans l'immensité de l'es pace et de placer un certain nombre de pierres milliair sur la route éternelle du temps. *Ce passé est comme l distance qui, plus elle est grande, plus notre vue y dé croît* (3). Heureusement, l'histoire et la chronologie on placé des fanaux, des flambeaux, *aux points le plus ob scurs* (4). Malgré ces lumières de la tradition écrite, l'on remonte à quelques siècles, que d'incertitudes dan les faits, que d'erreurs sur les causes des événement et *quelle obscurité profonde n'environne pas les temp antérieurs qui ont précédé cette tradition* (5)! D'ailleu elle ne nous a transmis que les gestes de quelques na tions, c'est-à-dire les actes d'une très-petite partie d genre humain : tout le reste des hommes est demeuré nu pour nous, nul pour la postérité; *ils sont passés comm des ombres qui ne laissent point de traces* (6); et plût a ciel que le nom de tous ces prétendus héros, dont on célébré les crimes ou la gloire sanguinaire, *soit égal ment enseveli dans la nuit de l'oubli* (7)!

Ainsi, l'histoire civile, bornée d'un côté par les téné bres d'un temps assez voisin du nôtre, ne s'étend d l'autre qu'aux petites portions de terre qu'ont occupée successivement les peuples soigneux de leur mémoire au lieu que l'histoire naturelle embrasse également tou les espaces, tous les temps, *et n'a d'autres limites que cell posées par l'univers* (8).

CORRIGÉ RAISONNÉ

1. *Pour* DÉTERMINER *les époques des révolu-*	On ne peut pas dire : *pour la constatation. et déterminer*; il faut dire *pour la* CONSTAT

...ns humaines et con-...ter les dates des ...ements moraux.

TION *et la* DÉTERMINATION, ou mieux, *pour* CONSTATER *et* DÉTERMINER. La conjonction *et* ne peut joindre ensemble que des mots de même espèce.

... C'est le seul moyen ... il y AIT.

Après *le seul*, on met au subjonctif le verbe de la proposition subordonnée, parce qu'on veut exprimer quelque chose de vague, d'incertain, de contestable.

...3. *Le passé est comme ... distance : plus elle ... grande, plus notre ...e y décroît.*

Qui figure comme sujet et n'a pas de verbe retranchez ce pronom, et la phrase sera régulièrement construite.

...4. *Aux points* LES ...*us obscurs.*

Il y a comparaison ; c'est, par conséquent, le superlatif qu'il faut employer.

...5. *Quelle obscurité ...ofonde n'environne ...s les temps antérieurs ...cette tradition !*

Antérieurs qui ont précédé... : périssologie ; dites : *antérieurs à cette tradition*, ou bien : *les temps qui ont précédé cette tradition.*

...6. *Ils* ONT *passé comme ...s ombres qui ne lais-...nt point de traces.*

Ici, on veut marquer l'action ; dites donc : ONT *passé.*

...7. FÛT *également en-...veli dans la nuit de ...ubli !*

Le sens de la phrase est : *si le ciel exauçait mes vœux, le nom de tous ces prétendus héros* SERAIT *enseveli dans l'oubli* ; c'est donc un futur conditionnel qu'on veut exprimer, et, par conséquent, le 2e temps du subjonctif qu'il faut employer.

...8. *Et n'a d'autres ...mites que celles* DE ...*nivers.*

Celles posées... : construction irrégulière ; le pronom démonstratif *celles* ne peut être suivi immédiatement d'un participe. Dites donc : *que celles* QUI SONT *posées par l'univers,* ou plus simplement : *que celles* DE *l'univers.*

LXXVI

DES PARTIES EXTERNES DE L'OEIL

L'œil surpasse infiniment tous les ouvrages qu'a jamais ...oduits l'industrie humaine ; sa structure est la chose la plus merveilleuse *qu'ont jamais observée les natura-listes* (1). Considérons-en d'abord les parties *qu'on a con-venu de désigner sous le nom de parties externes* (2). D quels retranchements, de quelles défenses le Créateu n'a-t-il pas pourvu les yeux! Il les a placés à une cer-taine profondeur dans la tête, et les a environnés d'o très-solides, afin qu'ils ne puissent, quoi qu'il arrive être facilement blessés. *Les sourcils contribuent aussi la sûreté et à conserver cet organe* (3); les poils qui formen ce bel arc au-dessus des yeux *empêchent que la sueur d front s'y introduise* (4). *Les paupières sont toujours prê de les secourir* (5), et, comme elles se ferment dès qu nous nous sommes laissés aller au sommeil, elles em-pêchent l'action de la lumière de troubler notre repos Les cils, en même temps qu'ils ajoutent à la beauté, nou garantissent du trop grand jour; ils excluent la lumièr superflue, et arrêtent *les grains de poussière même l plus petits* (6) dont les yeux pourraient être offensés.

—

CORRIGÉ RAISONNÉ

1. *Qu'*AIENT *jamais observée les natura-listes.*	*Qu'ont jamais observée...* Après un adjec au superlatif relatif, on emploie le mode su jonctif, dans la proposition subordonnée l'emploi du subjonctif est, dans ce cas, u sorte d'euphémisme.
2. *Qu'on* EST *convenu de désigner sous le nom de parties externes.*	*Qu'on a convenu...* Il faut dire : *qu'on* E *convenu; convenir,* avec *avoir,* réveille u idée de *convenance,* et avec *être* une idée d *convention.*
3. *Les sourcils con-tribuent aussi à la sû-reté et à* LA CONSERVA-TION *de cet organe.*	*A la sûreté et à conserver cet organe...* construction irrégulière; la conjonction *et* n peut joindre ensemble que des parties sem blables; il faut dire : *à la sûreté et à* LA CO SERVATION, etc.; les mots *sûreté* et *conservatio* joints ensemble par la conjonction *et,* éta de même espèce, c'est-à-dire des parties sem blables, la phrase sera régulièrement con struite.

…: *Empêchent que la …ur du front* NE *s'y …roduise.*

Après le verbe *empêcher*, employé à quelque forme que ce soit, le verbe suivant, à un mode personnel, doit toujours être précédé de *ne* : *empêchent que la sueur*…, NE *s'y introduise.*

5. *Les paupières sont …jours* PRÊTES À *les …ourir.*

Il faut dire : *les paupières sont toujours* PRÊTES *à les secourir*, parce que *prêt à* signifie *disposé à*, au lieu que *près de* signifie *sur le point de*. D'après cela, il est évident qu'il y a une grande différence de signification entre *être* PRÈS DE *mourir* et *être* PRÊT À *mourir*.

6. *Les grains de pous-…re même* LES *plus …tits.*

Les grains… le plus petits : irrégularité ; il y a ici comparaison ; il faut, par conséquent, employer l'adjectif *petit* au superlatif relatif : LES *plus petits.*

LXXVII

LA MER

Rien n'est plus imposant que l'aspect de l'océan, pour …u qu'on le *voit* (1) du haut d'un promontoire, au pied …uquel les ondes viennent se briser avec une violence et …n bruit effrayants. La mer est un des plus terribles *et su…limes spectacles* (2), lorsque ses flots se sont laissé soule…er par la tempête et roulent en mugissant ; mais en …ême temps rien de plus utile que cet immense réser…oir. Les exhalaisons que vous avez vues s'en élever *pu…ifient et donnent de la fraîcheur à l'air* (3) ; elles entre…ennent la vie végétale, et fournissent les aliments né…essaires à ces mille et un canaux d'eau courante dont est …llonnée la surface de la terre. Ce vaste amas d'eau sert …ussi à absorber beaucoup de gaz méphitiques provenant …es divers débris du règne animal *et du végétal* (4). Enfin, …océan, en ouvrant un vaste champ au commerce, rap…roche les nations même *le plus éloignées* (5). Le fond du bassin de la mer offre à peu près toutes les inégalités qu'on a remarquées à la surface de la terre; il est d'ailleurs habité par une immense quantité d'animaux que les zoologistes ont observés et décrits. Il y a dans la mer des endroits *où on* (6) n'a pas trouvé de fond, quelques nombreuses tentatives que l'on *a faites* (7), parce qu'on n'a pas donné aux instruments *qu'on* (8) s'est servi la longueur et le poids qu'on aurait dû. La salure et l'amertume des eaux de la mer les rendent désagréables au goût; *tant qu'à* (9) la couleur, la mer varie beaucoup ; elle est, en général, d'un bleu verdâtre foncé qui, vers les côtes, devient plus clair.

CORRIGÉ RAISONNÉ

1. *Voie.*	1° La locution conjonctive *pour peu que* exprime quelque chose d'incertain, et veut au subjonctif le verbe qui est sous sa dépendance ; 2° il faut employer le premier temps de ce mode, parce que c'est un présent que l'on veut exprimer : *quand on le voit, si on le voit.*
2. *Et des* PLUS *sublimes spectacles.*	*Le plus, la plus, les plus, du plus, des plus*, se répètent avant chaque adjectif.
3. *Donnent de la fraîcheur à l'air et le purifient.*	On dit *donner de la fraîcheur à quelque chose*, et *purifier quelque chose.* Or, il faut donner à chacun de ces verbes le complément qui lui est propre.
4. *Et du* RÈGNE *végétal.*	La clarté exige la répétition du nom *règne.*
5. *Les plus éloignées.*	Il faut *les* (LES *plus éloignées*), et non *le*, parce qu'il y a comparaison, sous le rapport de l'éloignement, entre les différentes nations de la terre.
6. *Où* L'*on.*	*Où on* forme un hiatus : *l'* le fait disparaître.
7. AIT *faites.*	Au mode affirmatif, on dirait : *on a fait de nombreuses tentatives* ; c'est donc un passé indéfini, et, par conséquent, le 3e temps du subjonctif qu'il faut employer.

8. *Dont on.* On dit : *se servir de quelque chose* ; il faut donc remplacer ***que*** par *dont*, pronom qui équivaut à la préposition *de*, suivie d'un nom.

9. *Quant à.* *Tant qu'à*, dans le sens de *pour ce qui est de*, n'est pas français ; c'est *quant à* qu'il faut dire.

LXXVIII

RACINE À LA FONTAINE (Lettre)

Uzès, 11 novembre 1661.

Mon cher ami,

J'ai vu bien des pays, et j'ai bien voyagé,
Depuis que de vos yeux les miens ont pris congé.

Mais cela ne m'a pas empêché de songer toujours *autant à vous comme je faisais* (1), lorsque nous nous voyions tous les jours,

Avant qu'une fièvre importune
Nous fît courir même fortune,
Et nous mît chaque en danger (2)
De ne plus jamais voyager.

Je ne sais pas sous quelle constellation je vous écris, *mais je vous promets que je n'ai point encore fait tant de vers* (3) depuis ma maladie ; je croyais même en avoir oublié tout à fait le métier. *Serait-il possible que les Muses auraient plus d'empire à Uzès qu'à Paris* (4) ? À propos d'Uzès, *je vous observerai* (5) que cette ville est située sur une montagne fort haute ; les campagnes environnantes sont toutes couvertes d'oliviers qui portent les plus belles olives du monde ; mais gardez-vous de vous fier aux apparences : ce n'est souvent qu'un leurre. En effet, j'en ai cueilli quelques-unes, et je les ai trouvées détestables. On m'a appris depuis qu'il leur faut bien des préparations pour qu'elles acquièrent un bon goût. J'ai été rendre une visite à monsieur R..., je l'ai trouvé souffrant de la goutte; aussi était-il d'une humeur massacrante. Je compte recevoir bientôt une lettre de vous. ***En attendant je suis le vôtre*** (6).

CORRIGÉ RAISONNÉ

1. *Autant à vous* QUE *je faisais.*	*Autant à vous comme...* : périssologie; l'idée de comparaison étant exprimée par *autant*, n'a pas besoin de l'être une seconde fois par *comme*. On corrige en remplaçant *comme* par *que*, conjonction qui indique simplement que la seconde proposition est subordonnée à la première.
2. *Et nous mît* CHACUN *en danger.*	*Et nous mît chaque en danger...* Remplacez *chaque* par *chacun*; *chaque* est adjectif et se rapporte toujours à un nom exprimé; *chacun* est pronom et remplace le nom.
3. *Mais je vous* ASSURE *que je n'ai point encore fait tant de vers.*	*Mais je vous promets que je n'ai point encore fait tant de vers...* On ne peut promettre qu'une chose à venir; après *promettre*, le verbe de la proposition subordonnée ne doit pas être employé au passé. Il faut, dans ce cas, remplacer *promettre* par *assurer*, *affirmer*, etc. : *je vous* ASSURE *que je n'ai point encore fait tant de vers.*
4. *Serait-il possible que les Muses* EUSSENT *plus d'empire à Uzès qu'à Paris?*	*Serait-il possible que les Muses auraient...* *Serait-il possible* exprime quelque chose de douteux, d'incertain, et veut au subjonctif le verbe de la proposition subordonnée; il faut d'ailleurs mettre ce verbe au deuxième temps du subjonctif, parce qu'on veut exprimer un futur conditionnel.
5. *Je vous* FERAI OBSERVER.	*Je vous observerai... Observer* signifie *remarquer*, et l'on doit l'employer absolument de même. Ne dites donc pas : *je vous observerai que cette ville est située sur une montagne*, car vous ne diriez point : *je vous remarquerai que cette ville est située sur une montagne;* dites : *je vous* FERAI OBSERVER *que*, etc.

6. *En attendant, je suis* VOTRE SERVITEUR.	*En attendant, je suis le vôtre...*; *votre* qui? *votre* quoi? on ne sait. Les pronoms possessifs *le nôtre*, *le vôtre*, etc., ne peuvent remplacer qu'un nom précédemment exprimé; dites donc *: je suis* VOTRE SERVITEUR, VOTRE AMI SINCÈRE, etc.

LXXIX

RAPIDITÉ DE LA VIE

La vie humaine est semblable à un chemin *duquel l'issue est un précipice affreux* (1). On nous en avertit dès le premier pas; mais la loi est prononcée : il faut avancer toujours. Je voudrais retourner sur mes pas : Marche, marche! Un poids invincible, une force irrésistible nous entraîne; il faut sans cesse avancer vers le précipice. *Mille traverses, mille peines nous ont déjà fatigués et donné de l'inquiétude dans la route* (2); encore si je pouvais éviter ce précipice affreux. Non, non; il faut marcher, il faut courir, telle est la rapidité des années. On se console pourtant, parce que de temps en temps *on a rencontré des objets qui nous ont plu et un peu divertis* (3) : des eaux courantes, des fleurs *qui sont passées devant nos yeux avec une rapidité effrayante* (4). On voudrait s'arrêter : Marche, marche! Et cependant on voit tomber derrière soi tout ce qu'on a vu passer; fracas épouvantable, inévitable ruine! *Toujours entraîné, le gouffre est déjà proche de toi* (5). Déjà tout commence à s'effacer; les jardins sont moins fleuris, les prairies moins riantes, les eaux moins claires; tout se ternit et s'efface. L'ombre de la mort se présente; on sent l'approche du gouffre fatal. Mais il faut aller sur le bord, encore un pas. Déjà l'horreur trouble les sens, la tête tourne, les yeux s'égarent; il faut marcher. *On voudrait rétrograder en arrière* (6); plus de moyen, tout est tombé, tout est évanoui, tout est échappé.

—

CORRIGÉ RAISONNÉ

1. DONT *l'issue est un précipice affreux.*	*Duquel l'issue*, etc. Ici, le pronom conjonctif étant placé immédiatement après le nom dont il tient la place, il n'y a pas d'équivoque possible; c'est, par conséquent, du pronom *dont* qu'il faut se servir.
2. *Mille traverses, mille peines nous ont déjà fatigués et* NOUS ONT *donné de l'inquiétude dans la route.*	*Mille traverses... nous ont fatigués et donné*, etc. : on dit *fatiguer* quelqu'un et *donner de l'inquiétude* À quelqu'un; or, le pronom *nous* ne peut être tout à la fois complément direct et complément indirect. On fera disparaître l'incorrection en répétant, avant le second verbe, le pronom *nous*, qui figurera alors comme complément indirect.
3. *On a rencontré des objets qui nous ont plu et* NOUS *ont un peu divertis.*	*On a rencontré des objets qui nous ont plu et... divertis.* Ici encore, il faut répéter le pronom personnel *nous* avant chacun des verbes *plaire* et *divertir*, parce que *plaire* veut un complément indirect, et *divertir* un complément direct.
4. *Qui* ONT *passé devant nos yeux avec une rapidité effrayante.*	Que veut-on exprimer ici? Évidemment l'action, comme le marque le complément circonstanciel *avec une rapidité effrayante*; servez-vous donc de *avoir*, et dites : ONT *passé* et non SONT *passées*.
5. *Toujours entraîné,* TU APPROCHES DU GOUFFRE.	*Toujours entraîné, le gouffre est déjà proche* : construction irrégulière; *toujours entraîné* semble se rapporter à *gouffre*. On fera disparaître l'équivoque en disant : *toujours entraîné*, TU APPROCHES, etc., parce qu'alors *entraîné* se rapportera clairement à *tu*.
6. *On voudrait rétrograder.*	*On voudrait rétrograder en arrière...* : périssologie, rétrograder signifiant seul *marcher en arrière*; supprimez donc *arrière*.

LXXX

LES PHARES

Qui peut dire combien d'hommes et de vaisseaux les phares ont sauvés ? Leur lumière, vue dans ces nuits horribles de confusion où les plus vaillants se sont souvent troublés, *montre non-seulement la route, mais encore soutient le courage* (1) et empêche l'esprit de s'égarer. Les anciens, *qui suivaient et ne s'éloignaient jamais des côtes* (2), avaient encore plus que nous besoin de les éclairer. Les Étrusques ont commencé, dit-on, à entretenir des feux de nuit; les Celtes en ont élevé aussi; *tant qu'aux Romains* (3), ils avaient illuminé, de promontoire en promontoire, toute la Méditerranée. Mais *c'est à la France à qui revient l'initiative des phares modernes* (4). *Ces beaux et ces nobles monuments sont parfois sublimes aux yeux de l'art* (5); ils sont toujours touchants pour le cœur. Leurs feux de toutes couleurs, où se retrouvent l'or, l'argent des étoiles, offrent un firmament secourable, qu'une Providence humaine a organisé sur la terre. *Lorsque nul astre ne paraît, le marin voit encore ceux-ci* (6), et prend courage en y revoyant son étoile, l'étoile de sa patrie.

—

CORRIGÉ RAISONNÉ

1. *Non-seulement montre la route, mais encore soutient le courage.*	*Montre non-seulement la route, mais encore soutient le courage... :* construction irrégulière, la locution *non-seulement* doit précéder immédiatement le mot auquel elle se rapporte par le sens.

2. *Qui suivaient les côtes et ne* S'EN *éloignaient jamais.*	On dit *suivre* quelque chose et *s'éloigner de* quelque chose; or, il faut donner à chacun de ces verbes le complément qui lui convient.
3. QUANT AUX *Romains.*	*Tant qu'à,* dans le sens de *à l'égard de, en ce qui concerne,* n'est pas français; il faut dire : *quant à;* QUANT *aux Romains.*
4. *C'est à la France* QUE *revient l'initiative des phares modernes.*	*C'est à la France à qui,* etc. : périssologie, le même rapport étant exprimé deux fois par la préposition *à;* remplacez *à qui* par *que,* et et la phrase sera régulière.
5. *Ces beaux et nobles monuments sont parfois sublimes aux yeux de l'art.*	*Ces beaux et ces nobles monuments,* etc. : supprimez le second *ces;* on ne parle que d'une seule espèce de monuments, qui sont tout à la fois *beaux* et *nobles;* la répétition du déterminatif *ces* ferait entendre qu'il s'agit de deux sortes de monuments.
6. *Lorsque* TOUS LES ASTRES SONT CACHÉS, *le marin voit encore ceux-ci.*	*Lorsque nul astre ne paraît,* phrase peu correcte, le pronom démonstratif *ceux-ci* ne remplaçant aucun nom singulier précédemment exprimé. Il vaudrait mieux dire, par exemple : *lorsque* TOUS LES ASTRES SONT CACHÉS, *le marin voit encore ceux-ci.*

LXXXI

LES PERRUCHES DE L'INDE

Nous avions jeté l'ancre dans la rade de Malacca *où nous voulions faire eau, car nous en manquions depuis plusieurs jours* (1), lorsqu'une foule de Malais, accourant dans leurs légères embarcations, nous offrirent à l'envi toutes les productions de la presqu'île. *J'observai aux passagers* (2) que, parmi les curiosités de toutes sortes et les fruits savoureux des tropiques, il y avait de charmantes petites perruches enfermées dans de jolies cages en jonc tressé. Les élégantes cellules étaient comme des oubliettes aériennes, elles n'avaient aucune ouverture par laquelle l'oiseau prisonnier pût s'échapper. *Le corps de ces délicieuses perruches n'était pas plus gros qu'un moineau* (3); quelques-unes avaient les ailes nuancées de rose, d'autres portaient seulement au milieu du front une étoile bleu-lapis : elles semblaient marquées d'un signe mystique comme les habitants des régions éthérées. En observant leur gentillesse, on se prenait à partager les croyances poétiques de ces bons Indiens qui, de tout temps, se sont figuré *que les âmes des enfants morts revêtaient la brillante parure des oiseaux* (4) *pour pouvoir venir habiter encore parmi les vivants* (5).

—

CORRIGÉ RAISONNÉ

1. *Où nous voulions faire* DE L'*eau, car nous en manquions depuis plusieurs jours.*	*Ou nous voulions faire eau, car*, etc. Il ne faut pas confondre les deux termes de marine *faire eau* et *faire de l'eau. Faire eau* se dit lorsqu'un vaisseau a quelque crevasse, ou qu'il est sur le point d'être submergé; *faire de l'eau* signifie relâcher pour s'approvisionner. C'est évidemment la dernière de ces expressions qui convient ici.
2. *Je* FIS OBSERVER *aux passagers.*	*J'observai aux passagers... : observer* veut dire regarder avec attention, et *faire observer* signifie *faire remarquer*. C'est donc une faute de dire : *j'observai aux passagers que*, etc.; il faut dire : *je fis observer*, etc.
3. *Le corps de ces délicieuses perruches n'était pas plus gros que* CELUI D'*un moineau.*	*Le corps de ces délicieuses perruches n'était pas plus gros qu'un moineau :* phrase incorrecte. Que compare-t-on? Le corps des perruches et le corps d'un moineau; dites donc, en faisant porter votre comparaison sur deux choses de même espèce : *le corps de ces perruches n'était pas plus gros que le corps d'un moineau,* ou plutôt, en vous servant du pronom démonstratif, pour qu'il n'y ait pas répétition du mot *corps : que* CELUI *d'un moineau.*
4. *Que les âmes des enfants morts* REVÊTENT *la brillante parure des oiseaux.*	*Que les âmes des enfants morts revêtaient...* Il faut dire *revêtent*, parce qu'il s'agit d'une chose encore vraie aujourd'hui, et par conséquent présente.

5. *Pour venir habiter encore parmi les vivants.*	*Pour pouvoir venir habiter*, etc. Tous ces infinitifs à la suite les uns des autres produisent le plus mauvais effet ; supprimez *pouvoir*, et l'oreille ne sera plus blessée.

LXXXII

LA POLITESSE

La politesse est peut-être de toutes les qualités humaines celle *qui contribue la plus à l'agrément de l'existence* (1). *Il n'est pas aucun acte de la vie* (2) qui ne soit soumis à ses effets et ne puisse se ressentir de son influence. On est poli dans l'indifférence, dans la haine ; on l'est pour tous les sexes, *pour toutes les âges* (3), *on l'est vis-à-vis de ses chefs* (4), de ses inférieurs, de ses égaux. La politesse est la goutte d'huile qui s'étend sur les rouages de la pendule *et atténue leurs frottements* (5). C'est une application infinie de l'amour de ses semblables ; c'est le développement de la bienveillance dans ses nuances les plus fines, dans ses plus exquises délicatesses. *La politesse se mêle avec les relations sociales pour les embellir* (6) ; elle adoucit les aspérités du caractère, ajoute à l'amitié, tempère la haine, prévient les mauvais procédés et orne les bons ; en un mot, c'est avec vérité qu'un auteur a pu dire *que si l'affection faisait le bonheur de la vie, la politesse en faisait le charme* (7).

CORRIGÉ RAISONNÉ

1. *Qui contribue* LE *plus à l'agrément de l'existence.*	*Qui contribue la plus à l'agrément,* etc. Il faut dire : *le plus; le plus, le moins, le mieux,* sont toujours invariables lorsqu'ils se rapportent à un verbe, parce qu'alors ils forment toujours une locution adverbiale.
2. *Il n'est aucun acte de la vie.*	On ne peut pas dire : *il n'est pas aucun acte de la vie; pas* se supprime nécessairement quand il y a dans la proposition une expression dont le sens est négatif, comme *jamais, guère, nul, aucun, rien, personne,* etc.
3. *Pour* TOUS *les âges.*	*Age* est du masculin. *Nous sommes de la même âge,* au lieu de : *nous sommes* DU *même âge,* est une faute par ignorance de genre.
4. *On l'est* ENVERS *ses chefs.*	*On l'est vis-à-vis de ses chefs... : vis-à-vis,* dans le sens de *envers, à l'égard de,* n'est pas français.
5. *Et* À EN *atténuer* LES *frottements.*	*Et atténuer leurs frottements... :* les *frottements* de quoi ? Des rouages. Le nom *rouages* ne figurant pas comme sujet de la proposition où se trouve l'adjectif *leurs,* il faut employer le pronom *en* avant le verbe, et, au lieu de *leurs,* mettre l'article : *et* EN *atténuer* LES *frottements.*
6. *La politesse se mêle* AUX *relations sociales pour les embellir.*	*La politesse se mêle avec les relations* n'est pas français; *mêler,* au figuré, veut la préposition *à : la politesse se mêle* AUX *relations,* etc.
7. *Que si l'affection* FAIT *le bonheur de la vie, la politesse en* FAIT *le charme.*	*Que si l'affection faisait,* etc. On veut exprimer ici une action qui a lieu dans tous les temps, une chose toujours vraie; c'est donc le présent et non l'imparfait qu'il faut employer.

LXXXIII

SERVICES QUE RENDENT LES OISEAUX

Plusieurs sont les gardiens assidus de nos troupeaux. Le héron garde-bœuf usant de son bec comme d'un ciseau, coupe le cuir du bœuf *pour en extraire et se nourrir d'un ver parasite qui suce le sang et la vie de l'animal* (1). Les bergeronnettes, les étourneaux rendent à peu près les mêmes services à nos bestiaux. Les hirondelles détruisent des milliers d'insectes ailés qui ne posent guère, et que nous voyons danser dans les rayons du soleil. Les engoulevents, les martinets, chasseurs du crépuscule, font disparaître les hannetons et une foule de rongeurs *qui ne travaillent seulement que la nuit* (2). Le pic chasse les insectes qui, cachés sous l'écorce des arbres, vivent aux dépens de la séve. *Les colibris, les oiseaux-mouches apurent le calice des fleurs* (3). Le guêpier, en toute contrée, fait une rude guerre aux guêpes affamées de nos fruits. Le chardonneret, *qui recherche et se nourrit de la graine du chardon* (4), l'empêche d'envahir le sol. *Les oiseaux de nos jardins, les fauvettes, pinsons, mésanges, dépouillent nos arbrisseaux et nos grands arbres* (5) des pucerons, des chenilles, des scarabées dont les ravages seraient incalculables. Beaucoup de ces insectes restent l'hiver à l'état d'œuf ou de larve, attendant la belle saison pour éclore; mais, en cet état, ils sont attentivement recherchés par les merles, les roitelets et les rouges-gorges. Dans les prairies humides, on voit les corbeaux et les cigognes piocher la terre *pour s'emparer et manger le ver blanc* (6) qui, trois années durant, ronge, avant de devenir hanneton, les racines de nos foins.

—

CORRIGÉ RAISONNÉ

1. *Pour en extraire et* MANGER *un ver parasite qui suce le sang et la vie de l'animal.*	*Pour en extraire et se nourrir d'un ver parasite...* On dit *extraire* quelque chose et *se nourrir de* quelque chose; or, il faut donner à chaque verbe le complément qui lui convient.

2. *Qui ne travaillent que la nuit.*	*Qui ne travaillent seulement que... Ne que* et *seulement* exprimant la même idée, il y a périssologie; dites : *qui ne travaillent que la nuit*, ou bien : *qui travaillent seulement la nuit.*
3. *Les colibris, les oiseaux-mouches* ÉPURENT *le calice des fleurs.*	*Les colibris... apurent le calice...* Ne confondez pas *apurer*, s'assurer, par un examen attentif, que toutes les parties d'un compte sont en règle, avec *épurer*, rendre pur, rendre plus pur.
4. *Qui recherche la graine du chardon et* S'EN *nourrit.*	*Qui recherche*, etc. *Rechercher* veut un complément direct, et *se nourrir* un complément indirect : or, il faut donner à chacun de ces verbes le complément qui lui convient.
5. *Les oiseaux de nos jardins, fauvettes, pinsons, mésanges, dépouillent nos arbrisseaux et nos grands arbres.*	*Les oiseaux de nos jardins, les fauvettes, pinsons, mésanges*, etc. Il faut répéter ou supprimer l'article avant chaque nom : *les fauvettes, les pinsons, les mésanges*, ou bien : *fauvettes, pinsons, mésanges.* La suppression de l'article est même préférable, parce qu'il s'agit d'une sorte d'explication, ce qui fait moins bien comprendre l'emploi de l'article.
6. *Pour s'emparer du ver blanc et* LE *manger.*	On dit *s'emparer de* quelque chose et *manger* quelque chose : donnez donc à chacun de ces verbes le complément qui lui convient.

LXXXIV

LA DÉMANDE INGÉNIEUSE (LETTRE AU DUC DE RETZ)

Monseigneur,

Vous vous savez peut-être bon gré d'être généreux, *détrompez-en-vous* (1); c'est la plus incommode qualité qu'ait jamais possédée un grand seigneur. Nous autres écrivains, pour peu qu'on nous ait obligés une fois, nous importunons tous les jours de notre vie. *Vous me donnâtes, au commencement de cette semaine* (2), les œuvres de Voiture; aujourd'hui j'ai à vous demander une chose d'une importance bien plus grande. Je connais tel seigneur qui aurait changé de couleur à ces dernières paroles de ma lettre; mais un duc de Retz les aura lues sans s'effrayer; et je parierais bien qu'il est aussi impatient de savoir ce que je lui demande, que je suis assuré de l'obtenir. Un gentilhomme de mes amis, qui, à l'âge de vingt ans, a fait, *sans jamais saigner au nez* (3), vingt combats aussi beaux *que ceux tant vantés des Horaces et des Curiaces* (4), a tué un fanfaron qui l'a forcé de se battre. *Il ne peut obtenir grâce hors de Paris, et comme il la désire ardemment* (5), il voudrait bien y être en sûreté, à cause de sa répugnance naturelle à avoir le cou coupé. Je l'hébergerais bien chez un grand prince, *mais je craindrais qu'il n'y fasse pas bonne chère* (6), et je tiens que mourir de faim est un malheur plus à craindre que d'avoir le cou coupé. Si votre hôtel lui sert d'asile, il est à couvert de l'un et de l'autre, et vous serez bien aise d'avoir protégé un gentilhomme de ce mérite. Au reste, vous aurez le plus grand plaisir du monde à le voir moucher les chandelles à coups de pistolet, toutes les fois que vous voudrez en avoir le passe-temps, et vous me remercierez sans doute, comme vous êtes très-généreux, de vous avoir donné un si beau moyen d'exercer votre générosité. *Tant qu'à moi, je vous promets de ne point vous en laisser manquer* (7).

SCARRON.

CORRIGÉ RAISONNÉ

1. *Détrompez-vous-en.*	*Détrompez-en-vous*... Quand un verbe à l'impératif a deux pronoms pour compléments, le pronom complément direct soit s'énoncer le premier : *détrompez-vous-en.*
2. *Vous* M'AVEZ DONNÉ,	*Vous me donnâtes au commencement de*

au commencement de cette semaine.

cette semaine... Il faut dire : *vous* M'AVEZ DONNÉ, puisqu'on est encore dans la semaine où l'action de *donner* s'est faite.

3. *Sans jamais saigner* DU *nez.*

Sans jamais saigner au nez... *Saigner au nez* n'est pas français ; il faut dire : *saigner* DU *nez*, tant au propre qu'au figuré, c'est-à-dire pour désigner l'action de *perdre du sang par le nez* et celle de *manquer de courage.* Ce dernier sens est celui que le verbe *saigner* a dans la phrase qui nous occupe.

4. *Que* LES COMBATS *tant vantés des Horaces et des Curiaces.*

Que ceux tant vantés, etc. On ne peut pas dire *ceux vantés*; l'usage le plus général est de ne pas faire suivre immédiatement les pronoms démonstratifs *celui*, *celles*, *ceux*, *celles* d'un adjectif ou d'un participe; les grands écrivains du dix-septième et du dix-huitième siècle ne se sont pas exprimés autrement.

5. *Il ne peut obtenir* SA *grâce hors de Paris, et comme il la désire ardemment.*

Il ne peut obtenir grâce... il la désire... Cette manière de parler est incorrecte : le pronom personnel *la* ne saurait remplacer qu'un nom pris dans un sens déterminé. Dites : *il ne peut obtenir* SA *grâce... et comme il la désire ardemment*, etc. Le nom *grâce* étant déterminé par *sa*, le pronom personnel *la* peut le remplacer, et la phrase est régulière.

6. *Mais je craindrais qu'il n'y* FÎT *pas bonne chère.*

Mais je craindrais qu'il n'y fasse pas bonne chère, c'est-à-dire : *il n'y ferait peut-être pas bonne chère, je le crains*; c'est donc un conditionnel futur qu'on veut exprimer, et, par conséquent, le deuxième temps du subjonctif qu'il faut employer.

7. QUANT *à moi, je vous promets de ne point vous en laisser manquer.*

Tant qu'à moi n'est pas français dans le sens de *en ce qui concerne*, *pour*, etc.; c'est *quant à* qu'il faut dire.

LXXXV

LE RÉVEIL DU CAMP

Épuisé par les travaux de la journée, quelques heures seulement m'étaient laissées pour délasser mes membres fatigués (1). Souvent il m'arrivait, pendant ce court repos, d'oublier ma nouvelle fortune; et lorsque, aux premières blancheurs de l'aube, les trompettes du camp venaient à sonner l'air de Diane, *j'étais étonné d'ouvrir mes yeux au milieu des bois* (2). Il y avait pourtant un charme à ce réveil du guerrier *qui était échappé aux périls de la nuit* (3). Je n'ai jamais entendu sans une certaine joie belliqueuse la fanfare du clairon, répétée par l'écho des rochers, et les premiers hennissements des chevaux qui saluaient l'aurore. *J'aimais voir le camp plongé dans le sommeil* (4), les tentes encore fermées *dont sortaient quelques soldats à moitié vêtus* (5) ; le centurion qui se promenait devant les faisceaux en balançant son cep de vigne; la sentinelle immobile qui, pour résister au sommeil, tenait un doigt levé dans l'attitude du silence ; le cavalier qui traversait le fleuve coloré des feux du matin, le victimaire qui puisait l'eau du sacrifice, *et souvent un berger appuyé sur sa houlette, qui regardait boire son troupeau* (6).

CORRIGÉ RAISONNÉ

1. *Épuisé par les travaux de la journée,* JE N'AVAIS QUE *quelques heures pour délasser mes membres fatigués.*	*Épuisé par les travaux de la journée, quelques heures seulement m'étaient laissées...* Construction vicieuse; on ne sait à quoi se rapporte *épuisé par les travaux de la journée.* On rendra la phrase correcte en disant : *épuisé,* etc., *je n'avais,* etc., parce qu'alors *épuisé* se rapportera grammaticalement à *je.*
2. *J'étais étonné d'ouvrir* LES *yeux au milieu des bois.*	*J'étais étonné d'ouvrir mes yeux...* : périssologie; remplacez *mes* par *les,* l'idée de possession étant suffisamment exprimée par le commencement de la phrase : *j'étais étonné d'ouvrir les yeux,* etc.
3. *Qui* AVAIT *échappé aux périls de la nuit.*	*Qui était échappé aux périls de la nuit.* Dites : *qui* AVAIT *échappé,* parce que c'est l'action qu'il s'agit ici d'exprimer.

4. *J'aimais à voir le camp plongé dans le sommeil.*	*J'aimais voir,* etc. L'infinitif qui sert de complément direct au verbe *aimer* doit toujours être précédé de la préposition *à*. Cette préposition est, dans ce cas, purement explétive.
5. **D'où** *sortaient quelques soldats à moitié vêtus.*	***Dont*** *sortaient quelques soldats à moitié vêtus...* Il faut dire : D'où *sortaient,* parce qu'on veut exprimer une idée de lieu.
6. *Et souvent un berger qui, appuyé sur sa houlette, regardait boire son troupeau.*	*Et souvent un berger appuyé sur sa houlette, qui regardait boire son troupeau :* construction irrégulière; il faut rapprocher le pronom conjonctif *qui* de son antécédent *berger,* et dire : *et souvent un berger qui, appuyé sur sa houlette, regardait boire son troupeau.*

LXXXVI

LES FRUITS DE L'ÉTUDE

L'étude supplée la stérilité de l'esprit (1), et lui fait tirer d'ailleurs *ce qu'il a besoin* (2). Nous naissons dans les ténèbres de l'ignorance, et la mauvaise éducation y ajoute beaucoup de faux préjugés. *L'étude dissipe celles-ci et corrige ceux-là* (3). Elle nous accoutume à mettre de l'ordre dans toutes les matières *dont nous avons à parler ou écrire* (4); elle donne aussi la capacité pour les affaires et pour les emplois. De plus, l'étude fait acquérir l'amour du travail; elle remplit utilement les vides de la journée qui pèsent si fort à tant de personnes, *et met en état de juger sainement les ouvrages qui paraissent* (5), *de participer des entretiens les plus savants* (6), et de fournir de son côté un aliment à la conversation; de la rendre plus utile et plus agréable, en mêlant les faits aux réflexions, et en relevant les uns par les autres.

—

CORRIGÉ RAISONNÉ

1. *L'étude supplée* À *la stérilité de l'esprit.*	*Supplée la stérilité de l'esprit... Suppléer*, dans le sens de tenir lieu d'une chose, en fournissant l'équivalent, veut être suivi de la préposition *à : supplée* À *la stérilité de l'esprit.*
2. *Ce* DONT *il a besoin.*	*Ce qu'il a besoin...* On dit *avoir besoin de quelque chose* ; remplacez donc *que* par *dont*, qui est toujours complément indirect.
3. *L'étude dissipe celles*-LÀ *et corrige ceux*-CI.	*L'étude dissipe celles-ci et corrige ceux-là...* Il faut dire : *dissipe celles*-LÀ (les ténèbres), *et corrige ceux-ci* (les faux préjugés), parce que le mot *là*, après un pronom démonstratif, rappelle les choses les plus éloignées, et le mot *ci*, les choses les plus proches.
4. *Dont nous avons à parler ou* À *écrire.*	Les prépositions qui n'ont qu'une seule syllabe, comme *à*, *de*, etc., se répètent avant le second terme de chacun des rapports qu'elles établissent.
5. *Et met en état de juger sainement* DES *ouvrages qui paraissent.*	*Et met en état de juger les ouvrages*, etc. *Juger*, dans le sens de former, avoir, énoncer un avis, une opinion sur une personne ou sur une chose, prend la préposition *de : il ne faut pas juger* DES *gens sur l'apparence.* (Acad.)
6. *De participer* AUX *entretiens les plus savants.*	*De participer des entretiens... Participer*, dans le sens de *prendre part à*, doit toujours être suivi de la préposition *à*.

LXXXVII

LA PROVIDENCE DES MALADES

Une sœur de l'ordre de Saint-Vincent de Paul veillait un grenadier blessé et dangereusement malade. *Accoutumé et ne connaissant que la vie des camps et le désordre de la guerre* (1), ce militaire, *qui chaque jour allait de pire en pire* (2), n'avait aucun respect pour sa bienfaitrice si dévouée; souvent il la repoussait rudement; quelquefois il l'assaillait d'injures grossières. Cette pauvre fille opposait à ces insultes une patience inaltérable, et finissait par vaincre, à force de bontés, le caractère emporté du soldat. *Un jour, lorsque celui-ci souffrait davantage* (3), elle se présente devant lui, tenant à la main une potion *que le médecin a ordonnée et qu'elle vient de transvider à l'instant même* (4); il refuse de la prendre; elle insiste avec douceur. Du refus, il passe aux injures et aux menaces. Elle le conjure de penser au danger qu'il court, aux suites que peut avoir son obstination. « *J'espérais, lui dit-elle, que vous auriez pris ce breuvage* (5); pourquoi me repoussez-vous? prenez-le, je vous en conjure; ne me refusez pas cette grâce. » Le malade ne sait plus s'il doit croire ce qu'il entend; sa dureté a fait place à un attendrissement involontaire; des larmes s'échappent de ses yeux: « Vous êtes un ange! » s'écrie-t-il; et, saisissant le breuvage salutaire, il l'avala sans hésiter. *Cet homme dut la vie à la pieuse et à l'infatigable persévérance de celle qu'il avait traitée comme une ennemie* (6). Il fut reconnaissant de cette faveur du ciel, et témoigna le désir de mieux connaître la religion qui inspire des vertus à la fois si douces et si élevées.

CORRIGÉ RAISONNÉ

1. *Accoutumé à la vie des camps et ne connaissant que le désordre de la guerre.*	*Accoutumé et ne connaissant que...* On dit : *accoutumé à* et *connaissant* quelque chose; donnez donc à chacun de ces mots le complément qui lui convient : *accoutumé à la vie et ne connaissant que le désordre.*
2. *Qui, chaque jour, allait de* PIS *en* PIS.	*Qui, chaque jour, allait de pire en pire...* : incorrection; remplacez *de pire en pire* par

la locution adverbiale *de* PIS *en* PIS, qui modifiera *aller*.

3. *Un jour que celui-ci souffrait davantage.*

Un jour lorsque... : espèce de périssologie, l'idée de temps étant exprimée par *un jour*, ne doit pas l'être une seconde fois par *lorsque;* remplacez cette dernière conjonction par *que*, et la phrase sera régulière.

4. *Que le médecin a ordonnée et qu'elle vient de* TRANSVASER *à l'instant même.*

Transvider est un barbarisme; il faut dire : *transvaser*, c'est-à-dire verser d'un vase dans un autre : la préfixe *trans*, qui entre dans la composition d'un grand nombre de mots français, ajoute à leur signification naturelle celle de *au delà, à travers, entre*, etc.

5. *J'espérais, lui dit-elle, que vous* PRENDRIEZ *ce breuvage.*

J'espérais, lui dit-elle, que vous auriez pris... L'espérance ne portant que sur l'avenir, le verbe de la proposition subordonnée ne saurait être à un temps passé; remplacez donc le conditionnel passé *auriez pris* par le futur du même mode, *prendriez*, et dites *j'espérais que vous prendriez*, etc.

6. *Cet homme dut la vie à la pieuse et infatigable persévérance de celle qu'il avait traitée comme une ennemie.*

À la pieuse et à l'infatigable persévérance... Il faut dire, en supprimant l'article, *à la pieuse et infatigable persévérance*, parce qu'il ne s'agit que d'une seule *persévérance*, qui est tout à la fois *pieuse* et *infatigable*.

LXXXVIII

MÂCON

Sur les bords de la Saône, à quelques lieues de Lyon, s'élève entre des villages et des prairies, au penchant d'un coteau à peine renflé au-dessus des plaines, *la petite, mais la gracieuse ville de Mâcon* (1). Deux clochers gothiques, décapités par la révolution et minés par le temps, attirent l'œil et la pensée du voyageur qui descend vers la Provence ou vers l'Italie *en bateaux à vapeur dont la rivière est tout le jour sillonnée* (2). Au-dessous de ces ruines de la cathédrale antique s'étendent, sur une longueur d'une demi-lieue, de longues files de maisons blanches et de quais où l'on débarque et où l'on embarque les marchandises du midi de la France et les produits des vignobles mâconnais. Le haut de la ville, *que l'on aperçoit pas de la rivière* (3), est abandonné au silence et au repos. On dirait d'une ville espagnole. L'herbe y croît l'été entre les pavés. *Les hautes murailles des anciens couvents assombrissent ses rues étroites* (4). Un collége, un hôpital, des églises, les unes restaurées, les autres délabrées et servant de magasins aux tonneliers du pays; une grande place plantée de tilleuls à ses deux extrémités, où les enfants jouent, où les vieillards viennent s'asseoir au soleil dans les beaux jours; de longs faubourgs à maisons basses qui montent en serpentant jusqu'au sommet de la colline, à l'embouchure des grandes routes; quelques jolies maisons dont une face regarde la ville, tandis que l'autre est déjà plongée dans la campagne et dans la verdure; et, *alentour de la place* (5), *cinq à six hôtels* (6) ou grandes maisons presque toujours fermées, qui reçoivent, l'hiver, les anciennes familles de la province : *voici le coup d'œil de la haute ville* (7). C'est le quartier de ce qu'on appelait autrefois la noblesse et le clergé; c'est encore le quartier de la magistrature et de la propriété. Il en est de même partout : les populations descendent des hauteurs pour travailler, et rémontent pour se reposer. *Elles aiment s'éloigner du bruit* (8) dès qu'elles ont le bien-être.

—

CORRIGÉ RAISONNÉ

1. *La petite, mais gracieuse ville de Mâcon.*	*La petite, mais la gracieuse ville de Mâcon...* Il ne s'agit ici que d'une seule ville, tout à la fois *petite* et *gracieuse*; il ne faut donc pas

	répéter l'article, qui ferait entendre qu'on parle de deux villes différentes.
2. Sur les *bateaux à vapeur dont la rivière est tout le jour sillonnée.*	*En bateaux à vapeur,* etc. Le nom *bateaux* étant déterminé par la proposition *dont la rivière est tout le jour sillonnée,* doit être précédé de l'article ; dites donc : *sur les bateaux à vapeur,* etc.
3. *Que l'on* n'*aperçoit pas de la rivière.*	Le verbe *apercevoir* est employé ici à la forme négative ; faites-le donc précéder de la négation *ne.*
4. *Les hautes murailles des anciens couvents* en *assombrissent les rues étroites.*	*Les hautes murailles... assombrissent ses rues...* L'adjectif possessif *ses* n'étant pas en rapport avec le sujet de la proposition où il se trouve, est mal employé ; il faut dire, en se servant du pronom *en :* en *assombrissent les rues.*
5. Aux alentours *de la place.*	On ne peut pas dire : *alentour de la place,* parce que *alentour* est un adverbe et qu'il ne peut avoir de complément. Il faut dire : autour *de la place,* ou bien : aux alentours *de la place.*
6. *Cinq ou six hôtels.*	Entre *cinq* et *six,* il n'y a pas de subdivision possible ; remplacez donc *à* par *ou.*
7. Voilà *le coup d'œil de la haute ville.*	*Voici le coup d'œil,* etc. À la fin d'une énumération, c'est *voilà* et non *voici* qu'il faut employer.
8. *Elles aiment* à *s'éloigner du bruit.*	*Elles aiment s'éloigner,* etc. On dit *aimer à* faire quelque chose : *elles aiment* à *s'éloigner.*

LXXXIX

PAUL ET VIRGINIE

Le charme de Paul et de Virginie (1) consiste en une certaine morale mélancolique qui brille dans l'ouvrage, et qu'on pourrait comparer à cet éclat uniforme que la lune répand sur une solitude parée de fleurs. Or, *quiconque qui a médité l'Évangile, doit convenir* (2) que ses préceptes divins ont précisément *ce triste et ce tendre caractère* (3). Bernardin de Saint-Pierre qui, dans ses Études de la Nature, *cherche la justification des voies de Dieu et à prouver la beauté de la religion* (4), a dû nourrir son génie de la lecture des livres saints. *Son églogue est aussi touchante* (5) que parce qu'elle représente deux familles chrétiennes exilées, vivant sous les yeux du Seigneur. Joignez-y l'indigence et ces infortunes de l'âme dont la religion est le seul remède, et vous aurez tout le sujet du poëme. *Les personnages sont aussi simples comme l'intrigue* (6) : ce sont deux beaux enfants dont on aperçoit le berceau et la tombe, deux fidèles esclaves et deux pieuses maîtresses. *Ces gens honnêtes ont un historien digne de leur vie* (7) : un vieillard, demeuré seul dans la montagne, et qui survit à ce qu'il aima, raconte à un voyageur les malheurs de ses amis, sur les débris de leurs cabanes.

—

CORRIGÉ RAISONNÉ

1. *Le charme de Paul et Virginie.*	*Le charme de Paul et de Virginie...* Dans cette phrase, les deux noms *Paul* et *Virginie* représentent un seul et même objet, un seul et même ouvrage ; la préposition *de* ne doit donc pas être répétée. L'expression est elliptique ; c'est comme s'il y avait : *le charme du livre intitulé* Paul et Virginie.
2. *Quiconque a médité l'Évangile doit convenir.*	*Quiconque qui*, etc... *Quiconque* signifie *toute personne qui, quelque personne que ce soit qui;* c'est donc une faute que d'employer après ce mot le pronom *qui* pour en rappeler l'idée.
3. *Ce triste et tendre caractère.*	Il ne s'agit ici que d'un caractère, à la fois *triste* et *tendre ;* ne répétez donc pas l'article, qui ferait croire qu'on parle de deux caractères différents.
4. *Cherche* À JUSTIFIER *les voies de Dieu et à*	*Cherche la justification... et à prouver...* : construction vicieuse; la conjonction *et* ne

prouver la beauté de la religion.	peut joindre ensemble que des mots, des parties semblables; dites donc : *cherche* À JUSTIFIER... *et à prouver...* La phrase ainsi construite sera régulière, parce que la conjonction *et* joindra ensemble deux infinitifs, c'est-à-dire deux parties semblables.
5. *Son églogue n'est* SI *touchante.*	*Son églogue n'est aussi touchante...* Remplacez *aussi* par *si :* il y a ici idée d'extension et non de comparaison.
6. *Les personnages sont aussi simples* QUE *l'intrigue.*	*Les personnages sont aussi simples comme l'intrigue... :* périssologie; l'idée de comparaison étant déjà exprimée par *aussi*, n'a pas besoin de l'être une seconde fois par *comme.* Remplacez *comme* par *que,* et la faute disparaîtra.
7. *Ces honnêtes gens ont un historien digne de leur vie.*	*Ces gens honnêtes...* Ne confondez pas des *gens honnêtes* et d'*honnêtes gens.* Des *gens honnêtes* sont des gens qui ont de la politesse; d'*honnêtes gens* sont des gens qui ont de la probité. Le sens de notre phrase réclame des *honnêtes gens.*

XC

FÉNELON À SON PETIT-NEVEU (LETTRE)

Bonjour, fanfan; je souhaite qu'en t'éloignant de Cambrai, *tu ne le sois pas de Dieu* (1), qui est le centre vers lequel nous devons diriger toutes nos pensées. L'enfant ne peut pas être toujours tenu par les lisières; on l'accoutume à marcher seul. Tu ne m'auras pas toujours. Il faut que Dieu te fasse cent fois plus d'impression que moi. Parmi tes officiers, fais ton devoir avec exactitude, avec patience, sans minutie *et sans dureté, ni dureté* (*choisissez* — 2) : on déshonore la justice *quand on y joint pas la douceur* (3). *On est heureux quand on vous aime* (4), aussi je veux que tu te fasses aimer; mais Dieu seul peut te donner de l'amabilité, *car tu ne l'es point* (5) par ton aturel roide et âpre. Il faut que la main de Dieu te mamie *pour te rendre souple et ployant* (6); il faut qu'il te ende docile, attentif à la pensée d'autrui, défiant de la enne et petit comme un enfant : tout le reste est sottise, nflure et vanité.

CORRIGÉ RAISONNÉ

1. *Je souhaite qu'en éloignant de Cambrai, ne* T'ÉLOIGNES *pas de ieu.*	*Je souhaite qu'en t'éloignant de Cambrai, tu ne le sois pas de Dieu...* Je souhaite que tu ne sois pas quoi? On ne sait, le mot *éloigné* n'étant pas exprimé précédemment; dites : *je souhaite que tu ne* T'ÉLOIGNES PAS *de Dieu.*
2. *Sans minutie* NI *ureté.*	*Sans minutie et sans dureté,* ou bien : *sans minutie ni dureté.* Ces deux manières de s'exprimer sont également bonnes : *et* précède *sans; ni* le remplace.
3. *Quand on* N'*y joint as la justice.*	*Quand on y joint par la justice...* Le verbe *joindre* est ici à la forme négative; il faut, par conséquent, le faire précéder de la négation *ne.*
4. *On est heureux uand on* EST AIMÉ.	*On est heureux quand on vous aime...* Les deux *on* sont ici en rapports divergents, le premier désignant la personne qui est *aimée,* et le second celle qui *aime.*
5. *Car tu n'es point* IMABLE.	*Car tu n'es point* quoi? On ne sait, le mot *aimable* n'étant pas exprimé précédemment; le pronom *le* est donc mal employé ici; dites : *car tu n'es pas* AIMABLE, ou bien : *car tu n'*EN *as pas.*
6. *Pour te rendre e caractère souple et* LIANT.	*Pour te rendre le caractère souple et ployant...* On ne dit pas un caractère *ployant,* dans le sens de *docile;* c'est *pliant* qu'il faut dire.

XCI

LA CITÉ DE DIEU

Au centre des mondes créés, au milieu des astres i-nombrables qui lui servent de remparts, d'avenues et chemins, flotte l'immense cité de Dieu; *la langue d'i-mortel ne saurait raconter ses merveilles* (1). *L'Éterne posé lui-même ses fondements* (2), et l'a environnée d'u muraille de jaspe. Là règnent suspendues des galeries saphirs et de diamants; là s'élèvent des arcs de triomp formés des plus brillantes étoiles; là s'enchaînent d portiques de soleils, *prolongés sans fin au travers des e-paces du firmament* (3). Des jardins délicieux, mille f plus beaux que tous ceux que vous avez rêvés, *s'étend alentour de la radieuse Jérusalem* (4); un fleuve les arr et ne roule dans ses flots que l'amour le plus pur; l'on mystérieuse de ce fleuve fait croître en abondance la vig immortelle et le lis emblématique. Sur la colline de l'e-cens s'élève l'arbre de la vie, portant, *cachés dessous s feuillage d'or* (5), les secrets de l'Éternel. La lumière q éclaire ces retraites fortunées se compose des roses matin, de la flamme du midi et de la pourpre du so Toutefois, *aucun astre ne paraît pas sur l'horizon respl-dissant* (6); mais une clarté descendant de toutes par comme une tendre rosée, entretient le jour éternel de délectable éternité.

—

CORRIGÉ RAISONNÉ

1. *La langue d'un mortel ne saurait* EN *raconter* LES *merveilles.*	*La langue d'un mortel ne saurait raconter ses merveilles :* l'adjectif possessif *ses* est mal construit; on croirait qu'il s'agit des merveilles de la langue et non de celles de la cité de Dieu; remplacez *ses* par *en*, et l'équivoque disparaîtra.
2. *L'Éternel* EN *a posé lui-même* LES *fondements.*	*L'Éternel a posé lui-même ses fondements...* Ici encore, l'adjectif *ses* est mal construit; dites : EN *a posé* LES *fondements.* En général, l'adjectif possessif doit être en rapport avec le sujet de la proposition dans laquelle il se trouve.
3. *Prolongés sans fin* À *travers les espaces du firmament.*	*Au travers des espaces...* Il n'y a ici aucune idée d'obstacle; dites donc : *à travers*, etc.
4. *S'étendent* AUTOUR *de la radieuse Jérusalem.*	*S'étendent alentour de la radieuse Jérusalem... Alentour* est un adverbe, et ne saurait, par conséquent, être suivi d'un complément; servez-vous de la locution prépositive *autour de : s'étendent* AUTOUR DE *la radieuse Jérusalem.*
5. *Cachés* SOUS *son feuillage d'or.*	Ne dites pas : *cachés dessous son feuillage d'or; dessous* est un adverbe, et ne peut, par conséquent, avoir un complément; faites usage de la préposition *sous :* SOUS *son feuillage d'or.*
6. *Toutefois, aucun astre ne paraît sur l'horizon resplendissant.*	*Toutefois aucun astre ne paraît pas*, etc... supprimez *pas*, la phrase renfermant l'adjectif *aucun*, qui précise l'étendue du sens négatif.

XCII

M. DE GRIGNAN À M. DE COULANGES (LETTRE)

23 mai 1696.

Vous comprenez mieux que personne, monsieur, la grandeur de la perte que nous venons de faire et ma juste douleur. *Le mérite imminent de madame de Sévigné vous était parfaitement connu* (1). Ce n'est pas seulement une belle-mère que je regrette, c'est une amie aimable, une société délicieuse. Mais, ce qui est encore bien plus digne de notre admiration que de nos regrets, *c'est d'une femme forte dont il est question* (2), d'une femme qui a envisagé la mort, dont elle n'a point douté dès les premiers jours de sa maladie, avec une fermeté et une soumission étonnantes. Cette personne, si tendre et si faible pour tout ce qu'elle aimait, n'a trouvé que du courage et de la religion *quand il s'en est agi de ne songer qu'à elle* (3), *et nous avons pu remarquer de quelle utilité et de quelle importance il est de remplir l'esprit de bonnes choses et de saintes lectures, pour lesquelles madame de Sévigné avait un goût, pour ne pas dire une avidité surprenante, par l'usage qu'elle a su en faire dans les derniers moments de sa vie* (4). Je vous conte tous ces détails, monsieur, parce qu'ils conviennent à vos sentiments et à l'amitié que vous aviez pour celle que nous pleurons ; et je vous avoue que j'en ai l'esprit si rempli, que c'est pour moi un soulagement de trouver *un homme aussi disposé et aussi capable que vous de les écouter et de les aimer* (5). J'espère, monsieur, que le souvenir d'une amie qui vous estimait infiniment contribuera à me conserver dans l'amitié *que vous m'honorez depuis longtemps* (6) ; je l'estime et la souhaite trop pour ne pas la mériter un peu.

J'ai l'honneur, etc.

CORRIGÉ RAISONNÉ

1. *Le mérite* ÉMINENT *de madame de Sévigné vous était parfaitement connu.*	*Le mérite imminent...* Il ne faut pas confondre *éminent* et *imminent*. *Éminent* signifie, au propre, *haut, élevé*, et au figuré, *excellent et surpassant tous les*

autres : un lieu *éminent*, des qualités *éminentes*, le mérite *éminent* de madame de Sévigné.

Imminent veut dire *qui est près de tomber* sur quelqu'un, sur quelque chose : une ruine *imminente*, une disgrâce *imminente*, un péril *imminent*.

2. *C'est d'une femme forte qu'il est question.*

C'est d'une femme forte dont, etc. : *dont* équivalent à *de qui*, le même rapport se trouve exprimé deux fois; il y a, par conséquent, périssologie : remplacez *dont* par *que*, et la phrase sera régulière.

3. *Quand il s'est agi de ne songer qu'à elle.*

Quand il s'en est agi, etc. : périssologie; le pronom *en* n'ajoute rien au sens; supprimez-le.

4. *Et nous avons pu remarquer, par l'usage qu'elle a su en faire pendant les derniers moments de sa vie, de quelle utilité et de quelle importance il est de remplir l'esprit de bonnes choses et de saintes lectures, pour lesquelles madame de Sévigné avait un goût, pour ne pas dire une avidité surprenante.*

La construction de cette phrase, telle qu'elle est donnée, présente une équivoque : on ne sait de quoi dépend *par l'usage qu'elle a su en faire pendant les derniers moments de sa vie*. Cette équivoque disparaîtra si l'on met cette partie de phrase immédiatement après *nous avons pu remarquer*, etc.

5. *Un homme aussi disposé que vous* À *les écouter et aussi capable de les aimer.*

On dit : *disposé à* quelque chose et *capable de* quelque chose; il faut donc donner à chacun de ces adjectifs le complément qui lui convient

6. DONT *vous m'honorez depuis longtemps.*

Que vous m'honorez... On dit *honorer quelqu'un de* quelque chose; dites donc : DONT *vous m'honorez.*

XCIII

DU DIMANCHE

La beauté de ce septième jour, qui correspond à celui du repos du Créateur, *mérite qu'on la remarque* (1); cette division du temps fut connue de la plus haute antiquité. Il importe peu de savoir à présent si c'est une obscure tradition de la Création que les enfants de Noé ont transmise au genre humain, ou si les pasteurs ont retrouvé cette division *en fixant les planètes* (2); mais il est du moins certain qu'elle est *la plus bonne qu'aucun législateur ait employée* (3). Indépendamment de ses justes relations avec la force des hommes et des animaux, elle a ces harmonies géométriques que *les anciens ont toujours cherché à établir entre les lois particulières et générales de l'univers* (4) : elle donne le six pour le travail; et le six, par deux multiplications, engendre les trois cent soixante jours de l'année antique et les trois cent soixante degrés de la circonférence. *Ainsi donc se trouvaient réunies magnificence et philosophie dans cette loi religieuse* (5), qui divisait le cercle de nos labeurs, ainsi que le cercle décrit par les astres dans leur révolution; comme si l'homme n'avait d'autre terme de ses fatigues que la consommation des siècles, *ni des moindres espaces à remplir de ses douleurs* (6), que tous les temps.

—

CORRIGÉ RAISONNÉ

1. *Mérite* D'ÊTRE REMARQUÉE.	*Mérite qu'on la remarque...* Il vaut mieux dire : *mérite d'être remarquée;* il est dans le génie de notre langue, quand l'infinitif n'a rien de louche ni d'équivoque, de le préférer à tout autre mode, parce qu'il débarrasse la phrase d'une foule de petits mots : *que, le,* dont l'emploi rend la construction lourde et languissante.
2. PAR L'OBSERVATION *des planètes.*	*En fixant les planètes... Fixer* signifie *rendre stable,* et n'a jamais le sens de *regarder, observer.* Dites donc : EN OBSERVANT *les planètes,* ou encore : PAR L'OBSERVATION *des planètes.*
3. *La* MEILLEURE *qu'au-*	L'expression *la plus bonne* n'est pas fran-

cun législateur ait employée.

çaise ; *bon* fait, au superlatif, *le meilleur*. Dites donc : *la meilleure qu'aucun législateur ait employée.*

4. *Les anciens ont toujours cherché à établir entre les lois particulières et* LES LOIS *générales de l'univers.*

Il faut répéter le nom *lois,* parce qu'il s'agit ici de deux sortes de lois, *les lois particulières* et *les lois générales* de l'univers.

5. *Ainsi se trouvaient réunies magnificence et philosophie dans cette loi religieuse.*

Ainsi donc... : périssologie, chacun de ces mots exprimant la même idée. Il suffit de dire : *ainsi se trouvaient réunies,* etc., ou, en prenant une autre tournure : ON TROUVAIT *réunies,* etc.

6. *Ni* DE *moindres espaces à remplir de ses douleurs.*

Ni des moindres espaces... Les noms précédés d'un adjectif qualificatif prennent seulement *de,* c'est-à-dire rejettent l'article, quand ils sont pris dans un sens indéterminé.

XCIV

AGRÉMENTS DES VOYAGES À PIED

Rien n'est aussi charmant, à mon sens, comme cette façon de voyager (1). On s'appartient, on est libre, on est joyeux ; on est tout entier et sans partage aux incidents de la route, *à la ferme où l'on déjeune avec une couple d'œufs frais* (2), à l'arbre où l'on s'abrite, à l'église où l'on se recueille. On part, on s'arrête, on repart ; rien ne gêne, rien ne retient. On va et l'on rêve devant soi. La marche berce la rêverie ; la rêverie voile la fatigue. *La beauté du paysage cache et fait qu'on ne pense plus à la longueur du chemin* (3). On ne voyage pas, on erre. À chaque pas qu'on fait, il vous vient une idée. *Il semble qu'on sent des essaims éclore et bourdonner dans son cerveau* (4). Bien des fois, assis à l'ombre au bord d'une grande route, à côté d'une petite source vive *dont par-*

taient, avec l'eau, la joie, la vie et la fraîcheur (5), sous un orme plein d'oiseaux, doucement occupé de mille songes, j'ai regardé avec compassion passer devant moi, comme un tourbillon où roule la foudre, la chaise de poste, cette chose étincelante et rapide qui contient je ne sais quels voyageurs lents, lourds, ennuyés et assoupis; cet éclair qui emporte des tortues. Oh! comme ces pauvres gens, qui sont souvent des gens d'esprit et de cœur, se jetteraient vite à bas de leur prison, où l'harmonie du paysage se résout en bruit, le soleil en chaleur et la route en poussière, *s'ils sauraient* (6) toutes les fleurs que je trouve dans les broussailles, toutes les perles que ramasse dans les cailloux l'imagination ailée, opulente et joyeuse d'un homme à pied.

—

CORRIGÉ RAISONNÉ

1. *Rien n'est aussi charmant, à mon sens,* QUE *cette façon de voyager.*

Rien n'est aussi charmant... comme cette façon de voyager... L'idée de comparaison étant déjà exprimée par *aussi,* ne doit pas l'être une seconde fois par *comme;* il y aurait périssologie. Remplacez *comme* par *que,* et la phrase sera régulière.

2. *À la ferme où l'on déjeune* D'*une couple d'œufs frais.*

À la ferme où l'on déjeune avec une couple... Il faut dire : *où l'on déjeune* D'*une couple d'œufs.* Les verbes *déjeuner, dîner, souper,* avec un complément de chose, prennent la préposition *de : déjeuner* D'*huîtres, dîner* D'*un plat de viande, souper* DE *laitage;* ils ne prennent la préposition *avec* que lorsqu'ils sont suivis d'un nom de personne : *chaque jour je déjeunais* AVEC *mes amis et je dînais* AVEC *ma famille.*

3. *La beauté du paysage cache la longueur du chemin et fait qu'on* N'Y *pense plus.*

On dit *cacher quelque chose* et *faire qu'on ne pense plus à quelque chose.* Il faut donner à chacune de ces expressions le complément qui lui convient.

4. *Il semble qu'on* SENTE *des essaims éclore et bourdonner dans son cerveau.*

Il semble qu'on sent... Après *il semble,* on emploie tantôt l'indicatif, tantôt le subjonctif, selon l'idée qu'on veut exprimer. Avec l'indicatif, *il semble* marque quelque chose de positif et équivaut à *il paraît certain : il semble que la logique* EST *l'art de convaincre* ; avec le subjonctif, *il semble* éveille une idée de supposition, et est l'équivalent de *on pourrait supposer. Il semble que la nature* AIT EMPLOYÉ *la règle et le compas pour peindre la robe du zèbre.* Dans la phrase que nous donnons à corriger, le subjonctif nous paraît préférable.

5. D'où *partaient, avec l'eau, la joie, la vie et la fraîcheur.*

Dont partaient... Il faut dire : D'OÙ *partaient*, parce que c'est une idée de lieu qu'on veut exprimer.

6. *S'ils* SAVAIENT.

S'ils sauraient... Après la conjonction *si*, qui exprime la condition, le verbe ne doit pas être employé au conditionnel ; il y aurait périssologie.

XCV

MES PROMENADES CHAMPÊTRES

Vers les une heure (1) je partais par le grand soleil, pressant le pas, dans la crainte *que quelqu'un ne vienne s'emparer de moi* (2) *avant que je puisse m'esquiver* (3) ; mais quand une fois j'avais pu doubler un certain coin, avec quel battement de cœur, avec quel petillement de joie je commençais à respirer en me sentant sauvé, en me disant : « Me voilà maître de moi ! » J'allais alors d'un pas plus tranquille chercher quelque lieu *où nul tiers ne vienne s'interposer entre la nature et moi* (4). C'était là qu'elle semblait déployer à mes yeux une magnificence toujours nouvelle. L'or des genêts et la pourpre des bruyères frappaient mes yeux d'un luxe qui touchait mon cœur ; la majesté des arbres qui me couvraient de leur ombre ; la délicatesse des arbustes qui m'environnaient, l'étonnante variété des herbes et des fleurs que je foulais sous mes pieds, tenaient mon esprit dans une alternative continuelle d'observation et d'admiration. Le concours de tant d'objets intéressants qui se disputaient mon attention, ***m'attirant sans cesse l'un l'autre*** (5), favorisait mon humeur rêveuse et me faisait souvent redire en moi-même : « Non, Salomon dans toute sa gloire ne fut jamais vêtu comme l'un d'eux. » Ainsi s'écoulaient pour moi les journées les plus charmantes, ***et dont je me rappelle toujours avec délice*** (6).

—

CORRIGÉ RAISONNÉ

1. *Vers une heure.*

Vers les une heure... Il faut dire simplement *vers une heure ;* l'article pluriel *les* ne saurait se rapporter à *heure,* qui est au singulier.

2. *Que quelqu'un ne* VINT *s'emparer de moi.*

Que quelqu'un ne vienne... Quelqu'un *viendrait* peut-être s'emparer de moi, voilà ce que je craignais. On veut donc exprimer un conditionnel futur; par conséquent, c'est le deuxième temps du subjonctif qu'il faut employer : *que quelqu'un ne* VINT, etc.

3. *Avant que j'*EUSSE PU *m'esquiver.*

Avant que je puisse... Le sens de la phrase est celui-ci : *je n'aurais pu m'esquiver ;* c'est un conditionnel passé qu'on veut exprimer, et, par conséquent, du quatrième temps du subjonctif qu'il faut se servir.

4. *Où nul tiers ne* VINT *s'interposer entre la nature et moi.*

Où nul tiers ne vienne s'interposer entre la nature et moi... Nul tiers ne VIENDRAIT *s'interposer,* etc. : voilà le sens de la phrase ; c'est un futur conditionnel qu'on veut exprimer ; il faut donc mettre le verbe de la proposition subordonnée au deuxième temps du subjonctif.

5. *M'attirant sans cesse* DE *l'un* À *l'autre.*

M'attirant sans cesse l'un l'autre... Il faut dire : DE *l'un* À *l'autre.*

6. *Et* QUE *je me rappelle toujours avec délice.*

Dont je me rappelle toujours avec délice... On dit se rappeler quelque chose ; la chose rappelée doit toujours figurer comme complément direct; dites donc : *que je me rappelle toujours avec délice.*

XCVI

LOUIS XI ET LE MARCHAND

Louis XI, *tout mauvais poëte qu'il fût* (1), *accueillait ordinairement favorablement les personnes* (2) dont il espérait tirer des connaissances utiles. Il recevait à sa table les étrangers, aussi bien que les négociants de son royaume, lorsqu'ils étaient en état de lui fournir des lumières sur le commerce ; et il se servait de la liberté du repas pour les engager à parler avec plus de confiance. Un marchand, séduit par les bontés du roi, s'avisa de lui demander des lettres de noblesse. *Le roi lui accorda* (3). À quelque temps de là, le nouveau noble se présenta tout heureux à Louis XI ; mais le roi, *loin qu'il l'accueillît comme à l'ordinaire* (4), affecta de ne pas le regarder. Notre marchand, *surpris et ne comprenant pas la cause de cette indifférence* (5), osa s'en plaindre au monarque, qui lui dit : « Allez, monsieur le gentilhomme ! quand je vous faisais asseoir à ma table, je vous regardais comme le premier de votre condition. *Au jour d'aujourd'hui que vous êtes le dernier des nobles* (6), je croirais leur faire injure si je vous faisais plus d'accueil qu'au moindre d'entre eux. »

CORRIGÉ RAISONNÉ

1. *Tout mauvais poëte qu'il* ÉTAIT.	*Tout mauvais poëte qu'il fût :* il faut dire, *qu'il était*. Après *tout*, adverbe, on emploie l'indicatif, parce que c'est toujours quelque chose de positif qu'on veut exprimer.
2. *Accueillait ordi-*	*Ordinairement favorablement...* : cacopho-

nairement AVEC FAVEUR *les personnes.*	nie; remplacez *favorablement* par *avec faveur*, et l'oreille sera satisfaite.
3. *Le roi* LES *lui accorda.*	*Le roi lui accorda...* quoi ? On ne sait pas; donnez donc au verbe *accorda* un complément direct : *les accorda*, et la phrase sera régulière : *le roi* LES *lui accorda.*
4. *Loin* DE L'ACCUEILLIR *comme à l'ordinaire.*	*Loin qu'il l'accueillît comme à l'ordinaire.* Il vaut mieux dire : *loin* DE L'ACCUEILLIR *comme à l'ordinaire*; l'infinitif est préférable au subjonctif toutes les fois que la clarté n'en souffre pas.
5. *Surpris de cette indifférence et n'en comprenant pas la cause.*	*Surpris et ne comprenant pas la cause de cette indifférence... Surpris* n'est pas pris ici dans un sens absolu; il est évidemment en rapport avec ce qui suit; or, on dit : *surpris de quelque chose* et *comprendre quelque chose*; il faut donc donner à chacun de ces mots un complément qui lui convienne : *surpris de cette indifférence et n'en comprenant pas la cause.*
6. *Aujourd'hui que vous êtes le dernier des nobles.*	*Au jour d'aujourd'hui...* : périssologie choquante; dites simplement *aujourd'hui.*

XCVII

MADAME DE SÉVIGNÉ À MADAME DE GRIGNAN (LETTR)

15 janvier 1690.

Vous avez raison, je ne puis m'accoutumer à la date de cette année; cependant la voilà déjà bien commencée, et vous verrez que, *de telle manière que nous la passions* (1), elle sera, comme vous dites, bientôt passée. Vraiment, vous me gâtez trop : *à peine le soleil est-il remonté du saut d'une puce* (2), que vous me demandez quand j'irai à Grignan. Je ne saurais le dire; en attendant, je vous remercie des souhaits que vous faites pour mon bonheur.

J'ai reçu de votre enfant une lettre de bonne année; il dit qu'il n'attend que vos ordres pour venir à Paris. Je trouve que vous le faites bien languir. Sa lettre est du deux; je le croyais à Paris; faites-l'y donc venir, *et qu'après une courte apparition, il court vous embrasser* (3). Je trouve ce petit homme charmant; seulement *je ne le pardonne pas de son peu de penchant pour la lecture* (4). Quant à sa sœur, cette *dévoreuse* de livres, j'aime mieux qu'elle en avale de mauvais, *que de ne point aimer lire* (5). Les comédies, les tragédies, tout cela est bientôt épuisé; mais il lui faut de l'histoire; si l'on a besoin de lui pincer le nez pour la lui faire avaler, je la plains. A l'égard de la morale, *je ne voudrais point du tout qu'elle s'en occupe* (6). La vraie morale de son âge, c'est celle qu'on apprend dans les bonnes conversations, dans les fables, dans les histoires, par les exemples; je crois que c'est assez. *Si vous lui donnez un petit peu de temps pour causer avec elle* (7), c'est assurément ce qui lui serait le plus utile. Je ne sais si tout ce que je dis vaut la peine que vous le lisiez; quoi qu'il en soit, ma chère enfant, je vous embrasse mille fois, et de tout mon cœur.

—

CORRIGÉ RAISONNÉ

1. *De* QUELQUE *manière que nous la passions.*	*De telle manière que nous la passions...* dites de *quelque manière;* l'emploi de *tel* pour *quelque* est vicieux.
2. *À peine le soleil* A-*t-il remonté du saut d'une puce.*	*À peine le soleil est-il remonté...* Il faut dire, en employant l'auxiliaire *avoir*, A-*t-il remonté*, parce que c'est l'action de *remonter* qu'on veut exprimer, comme l'indique le complément circonstanciel *du saut d'une puce.*
3. *Et qu'après une courte apparition, il* COURE *vous embrasser.*	*Et qu'après une courte apparition, il court vous embrasser* : ici, il y a ellipse; la construction pleine est : *faites qu'il* COURE; le verbe de la proposition subordonnée exprime

	une idée de doute, et, par conséquent, doit être au subjonctif.
4. *Je ne* LUI *pardonne pas son peu de penchant pour la lecture.*	*Je ne le pardonne pas de son peu de penchant pour la lecture* : on ne pardonne pas quelqu'un *de quelque chose*, mais on pardonne quelque chose *à quelqu'un* ; dites donc : *je ne* LUI *pardonne pas son peu de penchant pour la lecture.*
5. *Que de ne point aimer* À *lire.*	On dit : *aimer* À *faire* quelque chose, et non *aimer faire* quelque chose.
6. *Je ne voudrais point du tout qu'elle s'en* OCCUPÂT.	*Je ne voudrais point... qu'elle s'en occupe...* Le sens de la phrase est celui-ci : *elle ne s'occuperait pas de morale, si l'on faisait ce que je veux*; c'est donc un conditionnel futur qu'on veut exprimer, et, par conséquent, le deuxième temps du subjonctif qu'il faut employer.
7. *Si vous lui donnez un peu de temps pour causer avec elle.*	*Petit peu* n'est pas français; un adverbe, *peu*, ne saurait être modifié par un adjectif, *petit*. Supprimez *petit*.

XCVIII

INDÉPENDANCE DE DUCIS

Un trait distinctif du caractère de Ducis, c'était quelque chose de fier, de libre, d'indomptable. Jamais il ne porta ni ne subit aucun joug, pas même celui de son siècle, car il fut constamment religieux. Quand l'ordre social se rétablit avec pompe, lorsqu'on fit l'Empire, l'homme qui voulait être la gloire publique de la France, et qui s'occupa d'attirer, d'absorber dans l'abîme de sa renommée *tous les personnages conséquents de l'époque* (1), tourna les yeux vers Ducis; il voulait le faire sénateur; Ducis n'en avait nulle envie. Le maître de la France le chercha donc, et un jour, dans une réunion brillante, il l'aborda, comme on aborde un poëte, par des compliments sur son génie : ses louanges n'obtiennent rien en retour ; il parle de la nécessité de réunir toutes les célébrités, toutes les gloires de la France *alentour d'un pouvoir réparateur* (2). Même silence, même froideur. Enfin, comme il insistait, Ducis, avec une originalité toute particulière, *lui prend fortement son bras* (3), et lui dit : « *Général, aimez-vous chasser* (4)? » Cette question inattendue laisse le général embarrassé. « Eh bien, si vous aimez la chasse, avez-vous chassé quelquefois aux canards sauvages? C'est une chasse difficile, une proie *qu'on attrape guère* (5) et *qui fleure de loin le fusil du chasseur* (6). Eh bien, je suis un de ces oiseaux, je me suis fait canard sauvage. » Et en même temps, il fuit à l'autre bout du salon, et laisse le vainqueur d'Arcole et de Lodi fort étonné de cette incartade.

—

CORRIGÉ RAISONNÉ

1. *Tous les personnages* CONSIDÉRABLES *de l'époque.*	*Tous les personnages conséquents,* etc. On dit qu'un homme est *conséquent*, lorsque sa conduite est d'accord avec ses principes, que ses actions sont d'accord avec ses pensées, ses démarches avec ses intérêts, etc.; dans toute autre signification, le mot *conséquent* est mal employé, et c'est faire une faute grave que de dire : un *personnage conséquent,* dans le sens de *considérable, important.* Ce style est barbare.
2. AUTOUR *d'un pouvoir réparateur.*	*Alentour de* n'est pas français ; il faut dire : AUTOUR *de.* Alentour est adverbe et s'emploie absolument.
3. *Lui prend fortement* LE *bras.*	*Lui prend fortement son bras*... Le pronom *lui* indique suffisamment à qui appartient le bras ; l'adjectif possessif *son* est, par conséquent, inutile : il y a périssologie.
4. *Général, aimez-vous* À *chasser ?*	On dit *aimer à* faire quelque chose : *aimez-vous* À *chasser ?* La préposition *à* n'empêche pas l'infinitif d'être complément direct; c'est un mot explétif qui échappe à l'analyse.

5. *Qu'on* N'*attrape guère.*	Ici, le sens de la phrase est négatif; le verbe doit, par conséquent, être accompagné de la négation : *qu'on* N'*attrape guère.*
6. *Qui* FLAIRE *de loin le fusil du chasseur.*	*Qui fleure,* etc. Il faut bien se garder de confondre *flairer* et *fleurer. Flairer* signifie, au propre, sentir par l'odorat : *les canards sauvages* FLAIRENT *de loin le chasseur;* au figuré, il veut dire : *pressentir, prévoir; il a* FLAIRÉ *cette affaire de loin.* — *Fleurer* signifie répandre une odeur, exhaler une odeur : *cette rose* FLEURE *bon.* Figurément, on dit d'une affaire qui paraît avantageuse : *cela* FLEURE *comme baume.* FLAIRE *comme baume* serait mal dit.

XCIX

L'AVEUGLE D'ARMAGH

Il y avait, en 1795, à Armagh, petite ville d'Irlande, un aveugle nommé William Kennedy, *que tout le monde admirait pour son adresse prodigieuse, et il méritait de l'être* (1). Il fabriquait toutes sortes d'instruments à cordes, des pendules, des meubles, des métiers pour manufactures, et surtout d'excellentes cornemuses qui étaient fort recherchées dans le pays. Voici son histoire telle qu'il la racontait lui-même à des enfants curieux de connaître comment il avait pu, *sans y voir* (2), apprendre tant de métiers.

« Quand je vins au monde, *mes yeux étaient comme vous, ouverts à la lumière* (3), et ce ne fut qu'à l'âge de cinq ans que je perdis la vue. J'étais encore bien jeune *pour que je comprisse la grandeur de cette perte* (4); cependant je la sentis par l'ennui qui s'empara de moi tout à coup. Jusqu'alors j'avais vécu avec d'autres êtres qui me ressemblaient, et au milieu de mille objets auxquels je m'intéressais; je me trouvai instantanément seul et comme dans le vide. Cependant le monde, qui était devenu désert pour moi, se repeupla insensiblement; jusqu'alors j'avais pris connaissance des choses par la vue, je m'accoutumai à en prendre connaissance *en les touchant et par l'ouïe* (5).

« A mesure que je grandissais, je sentais combien *il importait que je perfectionne ces moyens de voir* (6), *je m'accoutumai à juger la distance par le son* (7), et à deviner la nature des objets par le tact; mais ces exercices étaient pour moi plutôt une nécessité qu'un amusement. Vous avez peut-être passé quelquefois une nuit sans sommeil. Vous savez combien alors le temps paraît long, et quel ennui on éprouve au milieu des ténèbres dont on est environné. Eh bien! figurez-vous une nuit pareille, mais sans fin... Telle était ma vie; j'avais bien quelques jeux dont je pouvais me servir pour me distraire un instant, mais cette distraction était sans but et je m'en lassais vite. D'ailleurs *j'entendais toujours alentour de moi* (8) déplorer mon sort et plaindre mes parents de la charge que Dieu leur avait imposée; cette pitié m'irritait et je ne pouvais m'habituer à l'idée d'être perpétuellement une cause d'affliction et de gêne pour ceux qui m'avaient donné la vie. Faire du mal, même involontairement, à ceux que l'on aime, est la plus grande douleur *qu'on peut éprouver* (9). Mais était-il bien vrai *que je ne puisse être utile à rien* (10)? N'était-ce point de l'ingratitude et de la lâcheté que d'accepter cette position d'impuissance qui devait faire souffrir mes parents? Toutes ces idées me préoccupaient, car on pense beaucoup *quand on n'y voit pas* (11); je résolus de faire tous mes efforts pour tirer des facultés qui me restaient tout le parti possible, et pour les utiliser autant que je le pourrais. Je me mis donc à étudier les jouets qu'on m'avait donnés; je les démontai pièce à pièce, *pour que j'en fabrique de semblables* (12). Ce fut là ma première industrie, mais je ne voulus pas m'arrêter en si beau chemin. »

—

CORRIGÉ RAISONNÉ

1. *Qui était* ADMIRÉ *de tout le monde pour son adresse, et il méritait de l'être.*

Et il méritait de l'être... : d'être quoi? *Admiré;* mais ce participe n'est pas exprimé précédemment; cette manière de s'exprimer est donc incorrecte. Prenez une autre tournure : *et il méritait qu'on l'admirât*, ou bien : *qui était* ADMIRÉ *et* QUI *méritait de l'être.*

2. *Sans voir.*

Sans y voir... : périssologie; supprimez *y*, qui n'ajoute rien au sens.

3. *Mes yeux étaient, comme* LES VÔTRES, *ouverts à la lumière.*

Mes yeux étaient comme vous, etc.; la comparaison porte sur les yeux; dites, par conséquent : *mes yeux étaient, comme* LES VÔTRES, *ouverts à la lumière.*

4. *Pour* COMPRENDRE *la grandeur de cette perte.*

Pour que je comprisse, etc. Dites : *pour* COMPRENDRE; l'infinitif est préférable au subjonctif, quand il n'y a pas d'équivoque.

5. PAR LE TOUCHER *et par l'ouïe.*

En les touchant et par l'ouïe... Incorrection; la conjonction *et* ne peut joindre ensemble que des mots de même espèce; dites : PAR LE TOUCHER *et par l'ouïe.*

6. *Il était important pour moi* DE PERFECTIONNER *ces moyens de voir.*

Il était important que je perfectionne, etc. Le verbe de la proposition subordonnée doit exprimer ici un futur conditionnel; il faudrait, par conséquent, dire : *que je perfectionnasse*; mais il vaut mieux employer l'infinitif et dire : *il m'importait*, ou bien : *il était important pour moi* DE PERFECTIONNER, etc.

7. *Je m'accoutumai à juger* DE *la distance par les sons.*

Je m'accoutumai à juger la distance, etc. Il faut dire : *à juger* DE *la distance*, etc.; *juger*, dans le sens de *apprécier*, veut être suivi de la préposition *de*.

8. *J'entendais toujours* AUTOUR *de moi.*

J'entendais... alentour de moi... Alentour est un adverbe et ne saurait avoir de complément; dites : AUTOUR *de moi.*

9. *Qu'on* PUISSE *exprimer.*

Après un superlatif relatif, *la plus grande douleur*, le verbe de la proposition subordonnée se met au subjonctif : *qu'on* PUISSE *exprimer.*

10. *Que je ne* PUSSE *être utile à rien.*

Que je ne puisse, etc. Le sens de la phrase est : *je ne pouvais*, ou plutôt : *je ne pourrais être utile à rien* ; c'est un imparfait ou un conditionnel futur qu'on veut exprimer ; le verbe de la proposition subordonnée doit donc être mis au deuxième temps du subjonctif.

11. *Quand on* NE *voit pas.*

Quand on n'y voit pas... : périssologie ; supprimez *y*.

12. *Pour* EN FABRIQUER *de semblables.*

Pour que j'en fabrique, etc. Il faudrait dire : *pour que j'en fabriquasse* ; mais, comme il n'y a pas ici d'équivoque possible, il vaut mieux se servir de l'infinitif, et dire : *pour* EN FABRIQUER *de semblables.*

C

L'AVEUGLE D'ARMAGH

« Je venais d'acquérir la certitude que la volonté, réchauffée par le sentiment du devoir, *pouvait tout accomplir* (1) ; je voulus adopter une profession *qui puisse me rendre indépendant* (2), et j'étudiai la musique. Mes parents, qui virent mes efforts et mes progrès, m'envoyèrent à Armagh : *c'est là où j'appris le violon* (3). Cependant je ne m'en tins pas à cette étude ; je savais que, dans le monde, *on avait souvent besoin de recourir à plusieurs moyens d'existence* (4), et je devais prendre mes précautions plus qu'un autre. Je profitai donc du hasard qui m'avait fait loger chez un tapissier pour apprendre, pendant mes moments de loisir, à faire des meubles de diverses espèces. De retour dans mon village, j'ajoutai cette industrie à celle de ménétrier, et je gagnai en peu de temps plus d'argent qu'il ne m'en fallait pour vivre. Mais *mon père et ma mère avaient éprouvé des pertes consé-*

quentes (5) et étaient devenus vieux; bientôt ils ne purent se suffire et eurent recours à moi : ce jour fut un des plus beaux de ma vie; moi, pauvre enfant aveugle, qui devais être un jour un fardeau pour ma famille, j'étais parvenu à force de courage à lui donner un appui! *Je sus alors ce qu'un grand devoir accompli donnait de force et de bonheur* (6). Chaque soir, je prenais sous le bras mon vieux père et ma vieille mère, *et nous allions promener ensemble le long des prairies* (7); ils me conduisaient et je les soutenais; les passants s'arrêtaient pour nous voir, on se rangeait devant nous, et l'on saluait mes deux compagnons un peu à cause de moi... Jugez quelle joie de faire honorer ainsi mes vieux parents! Cependant je ne ralentissais ni mes efforts, ni mes essais; j'avais continué de m'occuper de musique; j'achetai quelques cornemuses irlandaises hors de service, *dans la vue de les accorder et les perfectionner* (8). Après beaucoup de peine, *je parvins à découvrir leur mécanisme* (9), et, au bout de neuf mois, j'en avais confectionné une de mon invention qui réussit parfaitement. Il y avait dans le village que j'habitais un horloger qui aimait beaucoup la musique, et qui avait toujours désiré l'apprendre. Il me proposa de lui donner des leçons de cornemuse; j'y consentis, *à condition d'un échange de nos connaissances, et qu'il m'apprendrait son état* (10). Je me trouvai ainsi capable de soutenir ma famille par plusieurs industries, que j'exerçais tour à tour, *et selon que j'y trouvais davantage de profit* (11). Ce fut vers cette époque que je perdis mon père, puis ma mère qui le suivit de près. Ne voulant plus habiter mon village, qui me rappelait cette perte douloureuse, je vins à Armagh, *où je me suis marié et je vis depuis plusieurs années* (12) heureux et à l'abri du besoin; la seule chose que je demande à Dieu maintenant, c'est la santé; car, pour la fortune, il m'en a donné une inépuisable en m'accordant la persévérance et l'amour du travail. Souvent, quand je suis à mon atelier et que j'entends les chansons de mendiants qui pourraient gagner leur vie, ou d'ivrognes qui la perdent en débauches, je me dis tout bas à moi-même : « *Les aveugles dans ce monde ne sont pas ceux ne voyant pas le soleil, mais ceux ne voyant pas le devoir* (13). »

—

CORRIGÉ RAISONNÉ

1. PEUT *tout accomplir.*	*Pouvait tout accomplir...* Il s'agit ici d'une chose toujours vraie, qui a toujours lieu; c'est, par conséquent, le présent qu'il faut employer : PEUT *tout accomplir.*
2. *Qui* PÛT *me rendre indépendant.*	*Qui puisse,* etc. Ici, *puisse* est employé dans le sens de *pourrait,* c'est-à-dire d'un conditionnel futur; c'est donc le deuxième temps du subjonctif qu'il faut employer : *qui* PÛT, etc.
3. *C'est là* QUE *j'appris le violon.*	*C'est là où j'appris,* etc. : hiatus et périssologie ; on fait disparaître cette double incorrection en remplaçant *où* par *que* : *c'est là* QUE *j'appris,* etc.
4. *On* A *souvent besoin de recourir à plusieurs moyens d'existence.*	*On avait souvent besoin,* etc. Remplacez *avait* par *a,* car il s'agit d'une chose vraie dans tous les temps, et, par conséquent, présente.
5. *Mon père et ma mère avaient éprouvé des pertes* CONSIDÉRABLES.	*Mon père et ma mère avaient éprouvé des pertes conséquentes...* Dites : *des pertes* CONSIDÉRABLES; *conséquent* ne saurait s'employer dans le sens de *considérable.*
6. *Je sus alors ce qu'un grand devoir accompli* DONNE *de force et de bonheur.*	*Je sus alors ce qu'un grand devoir accompli donnait,* etc. Remplacez *donnait* par *donne,* parce qu'il s'agit d'une chose toujours vraie, et, par conséquent, présente.
7. *Nous allions* NOUS *promener le long des prairies.*	*Nous allions promener,* etc. *Promener* est employé accidentellement, comme verbe réfléchi; il doit, par conséquent, être conjugué avec un des pronoms compléments, *me, te, se, nous, vous* : *nous allions* NOUS *promener.*
8. *Dans la vue de les accorder et* DE *les perfectionner.*	*Dans la vue de les accorder et perfectionner.* Il faut dire : *et* DE LES *perfectionner;* la préposition *de* se répète avant chaque mot.

9. *Je parvins à* EN *découvrir* LE *mécanisme.*	*Je parvins à découvrir leur mécanisme...* Le mécanisme de quoi? Des *cornemuses;* or, ce mot ne figure pas comme sujet de la proposition; le mot *leur* est donc mal employé. Il faut le remplacer par *en*, et dire : *je parvins à* EN *découvrir* LE *mécanisme.*
10. *A condition* QUE NOUS FERIONS *échange de nos connaissances, et qu'il m'apprendrait son état.*	*A condition d'un échange de nos connaissances et qu'il m'apprendrait son état...* La conjonction *et* ne joint pas ici des parties semblables; la phrase est, par conséquent, incorrecte; mais on s'exprimera régulièrement si l'on dit : *à condition* QUE NOUS FERIONS *échange de nos connaissances et qu'il m'apprendrait son état*, parce qu'alors la conjonction *et* joint ensemble les deux propositions subordonnées.
11. *Selon que j'y trouvais* PLUS DE *profit.*	*Davantage de profit... Davantage* étant adverbe, ne peut s'employer qu'absolument, c'est-à-dire sans complément. Remplacez cet adverbe par la locution prépositive PLUS *de.*
12. *Où je me suis marié, et* où *je vis depuis plusieurs années.*	*Où je me suis marié et je vis,* etc. Répétez l'adverbe *où* au commencement du second membre de phrase : *et* où *je vis,* etc.
13. *Les aveugles dans ce monde ne sont pas ceux* QUI NE VOIENT *point le soleil, mais ceux* QUI NE VOIENT *point le devoir.*	*Les aveugles... ne sont pas ceux ne voyant point,* etc. L'usage le plus général est de ne pas faire suivre immédiatement les pronoms démonstratifs *celui, celle,* etc., d'un adjectif ou d'un participe.

FIN

TABLE

FIN DE LA TABLE

Paris. — Imp. Pillet fils aîné, rue des Grands-Augustins, 5.

LIBRAIRIE LAROUSSE ET BOYER.

Méthode lexicologique de Lecture, par P. LAROUSSE. 31 vignettes par Mignon. — Livre de l'Élève........................ » 25

MÊME OUVRAGE, en 32 tableaux........................ 1 »

Lectures intermédiaires, ou nouveaux Exercices, contenant : 1° plus de 12,000 mots classés méthodiquement ; 2° la prononciation de tous les points difficiles ; 3° toutes les règles de la lecture, suivies d'exercices pour la lecture latine ; 4° un choix de lectures courantes, où l'on a réuni, dans de jolies histoires, les qualités que les enfants doivent acquérir, les défauts qu'ils doivent éviter, des leçons de morale, de politesse, des faits historiques, biographiques. Ouvrage destiné à servir de complément à toutes les méthodes de lecture, par mademoiselle Clarisse JURANVILLE. Prix, cartonné.............. » 75

Le Vieux Soldat, ou l'Obéissance à la loi, livre de lecture courante, par mademoiselle Marie CURO. Ouvrage approuvé par NN. SS. l'évêque de Saint-Brieuc, l'évêque de Rennes et l'archevêque de Sens. (*Ouvrage autorisé.*) Prix, cartonné........................ 1 »

Livre universel de Lecture et d'Enseignement pour les Écoles primaires, ou Encyclopédie des Écoles primaires, avec Questionnaires, Mappemonde et Figures, par C. J. AMYOT, secrétaire général de la Société pour l'instruction élémentaire, etc. 6e édition. Prix, cartonné........................ 1 50

Belles Actions des Enfants, livre de lecture pour les Écoles, par LE MÊME. 1 vol. in-18 cartonné. Prix........................ » 50

Latinolégie des Écoles primaires, ou Leçons graduées de lecture latine, à l'usage des Écoles primaires, suivies des Prières, de la Messe, des Psaumes, des Cantiques, des Hymnes, des Proses pour les différents temps de l'année, par J. L. RENAUDIN. Prix... » 60

Le Moraliste des Enfants, recueil de Poésies à l'usage du jeune âge, par M. J. P. WORMS. Joli vol. gr. in-18. Édition classique... » 75
— Édition de luxe........................ 1 »

Trésor poétique, livre de Lecture et de Récitation ; 300 morceaux de Poésie empruntés pour la plupart aux poètes du dix-neuvième siècle, par LAROUSSE et BOYER. 3e édition, enrichie de Morceaux nouveaux. Beau vol. de près de 500 pages. Prix........................ 2 »

Lectures manuscrites, à l'usage de la jeunesse des deux sexes, pouvant servir à la fois de Livre de Lecture pour les manuscrits et de Modèles d'écriture classique et expédiée, par MM. VINSOT et RENAUDIN. 1 vol. in-8° de 128 pages. Prix fort, cartonné......... 1 50
— Prix net, pour Instituteur........................ 1 10

L'Art de bien lire, livre de Lecture courante, Méthode nouvelle et infaillible pour former promptement de bons lectures, par Auguste HUMBERT, ancien chef d'institution. 1 vol. in-12 de 336 pages. Prix fort, cartonné........................ 1 50
Prix net, pour Instituteur........................ 1 10

Cours normal de Géographie, livre-atlas renfermant un Traité de géographie générale; une Description détaillée de la France et de ses colonies; un Atlas de quatorze cartes coloriées, avec légendes en regard :

1. Mappemonde.
2. Europe Physique.
3. Europe politique.
4. Asie physique et politique.
5. Afrique physique et politique.
6. Amérique physique et politique.
7. Océanie physique et politique.
8. France physique.
9. France politique.
10. France industrielle.
11. Quatre tracés de la France.
12. Belgique physique et politique.
13. Suisse physique et politique.
14. Carte de la Palestine.

Par J. L. SANIS, professeur spécial de géographie, à Paris. 1 volume in-4° oblong. Prix.......................... 1 75

Le système de M. Sanis consiste à exercer la mémoire des enfants en leur faisant apprendre par cœur le traité, divisé en petites leçons; à exercer leurs yeux et à stimuler leur adresse, en leur faisant dessiner sur l'ardoise ou sur le papier des tracés relatifs à chaque leçon; à exercer leur intelligence, en les formant à la géographie mentale à l'aide d'une orientation pratique.

Les cartes de l'Atlas sont accompagnées de légendes en regard. Ces légendes, qui servent de questionnaires ou résumés, ont des numéros correspondant à ceux que renferment les cartes. Cette idée ingénieuse a le double avantage de laisser aux cartes une grande clarté, et d'obliger l'élève à chercher les noms dont les numéros tiennent la place.

Cette méthode est conforme en tous points à celle qu'a prescrite M. le Ministre de l'Instruction publique dans sa circulaire à MM. les Recteurs, en date du 3 octobre 1857.

Le but de M. Sanis est de vulgariser l'étude, une étude sérieuse, de la géographie; nous nous sommes mis à son entière disposition; aucun sacrifice ne nous a coûté. L'exécution typographique a été confiée à M. Plon, l'habile imprimeur de S. M. l'Empereur; les cartes, dressées par l'auteur lui-même, ont été gravées avec le plus grand soin et stéréotypées par le procédé paniconographique, appliqué pour la première fois à une publication de ce genre. — Nous offrons à tout le corps enseignant, **au prix de 1 fr. 75 c.**, une Géographie physique et politique des cinq parties du monde, accompagnée de QUATORZE CARTES d'une belle exécution et d'un riche coloris.

Cours normal d'histoire de France, à l'usage des Institutions de tous les degrés, par MM. DELALLEAU et SANIS. (*Ouvrage adopté.*)

1re **partie.** — LIVRE-ATLAS, comprenant l'histoire de France, depuis les temps primitifs jusqu'à la Révolution française (1789), et un Atlas spécial de 11 cartes, appropriées aux transformations successives de notre territoire national. 1 vol. in-4° obl... 4 »

2e **partie.** — LIVRE-ATLAS comprenant l'histoire depuis la Révolution française jusqu'à nos jours, et un Atlas spécial de 19 cartes pour l'étude des campagnes de la République et de l'Empire. 1 volume in-4° oblong. Prix.................... 5 »

Chaque partie se vend séparément.

Atlas spécial de Géographie historique de la France, comprenant 30 cartes coloriées avec texte en regard, à l'usage des Institutions de tous les degrés, par MM. SANIS et DELALLEAU. 1 vol. in-4° oblong. Prix.................................... 3 »

Premiers exercices de Dessin, destinés aux jeunes enfants, par M. DRULIN, professeur à Paris.

Album n° 1 de 100 petites Études variées. Prix, broché.... 1 »

Album n° 2 de 100 nouvelles Études variées. Prix, broché.... 1 »

Cours complet de Dessin linéaire, d'Arpentage et d'Architecture, divisé en trois parties, par MM. HENRY DES VOSGES et A. BOYER.

Première partie : **Cours élémentaire.** 1 vol. in-12, cartonné, comprenant 70 planches (plus de 300 dessins), avec texte en regard, par M. BOYER. 5e édition. Prix.................. 1 25

Deuxième partie : **Cours secondaire progressif,** par HENRY DES VOSGES. 80 planches in-4° grand-raisin, divisées en 4 cahiers : A, B, C, D, de 20 planches chacun. Prix de chaque cahier... 1 25
Color. avec soin, ch. cah. 7 »

Troisième partie : **Cours supérieur.** 4 cahiers grand in-4°, de chacun 24 planches, par HENRY DES VOSGES.
1er Cahier. *Détail des cinq ordres*, 16 planches, suivies de 8 beaux monuments. — 2e Cahier. *Charpente, Menuiserie, Serrurerie.* — 3e Cahier. *Machines nouvelles et Chemins de fer.* — 4e Cahier. *Ornementation*, riches dessins d'une belle exécution. Prix de chaque cahier......... 2 »
Les cahiers 1, 2, 3, coloriés, chacun.................. 8 »

Nous recommandons nos cahiers coloriés comme très-convenables pour Prix de Dessin.

Vingt nouvelles planches de Dessin linéaire sur grand format, par MM. HENRY DES VOSGES et GERMENAUD. 10 **Monuments** et 10 **Machines et appareils.** Chaque modèle est tiré sur une feuille de beau papier raisin, et se vend séparément en noir.............. » 50
La collection de 10 planches, en noir.................... 4 »
Coloriée avec soin, chaque planche...................... 1 »

Cours progressif, méthodique et complet de Dessin linéaire, divisé en trois parties, par J. B. TRIPON, professeur de Dessin mathémathique au collége Sainte-Barbe, à Paris.

— Première partie, à l'usage des Ecoles primaires.
5 planches de Notions de Géométrie appliquée.
11 planches de Dessin linéaire. Prix..................... 2 50

— Deuxième partie, à l'usage des Écoles normales, des Institutions et des Écoles professionnelles et industrielles. Prix, avec texte explicatif... 2 50

Nota. Les deux premières parties réunies, comprenant 30 planch. demi-raisin in-folio beau papier, et 469 figures. Prix........ 4 50

Troisième partie : **Etudes professionnelles de lavis,** appliqué à l'architecture et à la mécanique. 40 planches à 4 et 5 teintes sur demi-raisin glacé, vendues séparément..................... 1 25
Chaque dizain ou collection de 10 planches............... 10 »
Chaque dizain relié sous forme d'album.................. 12 »

Nous appelons l'attention des connaisseurs sur ces nouveaux modèles de lavis : l'ampleur des dessins, la clarté des détails, la vigueur des teintes, le fini d'exécution, enfin le luxe du papier, rien n'a été négligé pour imprimer à cette collection un cachet à la fois artistique et pratique qui la distingue de toutes les publications du même genre.

Récréations musicales, Leçons et Chansons. 30 chœurs variés à trois voix égales, à l'usage des Écoles, Pensions et Institutions des deux sexes, paroles de A. DESHORTIES, musique d'EUGÈNE VAST.

Premier dizain. — 1. Pan! Pan! moralité. — 2. Ange et Démon, fantaisie. — 3. La Bavarde, fantaisie. — 4. Les Mois, fantaisie. — 5. Cocorico! chœur imitatif. — 6. Les Petits Bergers des Alpes, fantaisie. — 7. Hébé, chœur mythologique. — 8. Éloge de la femme, moralité. — 9. Le Petit Chinois, fantaisie. — 10. En avant! moralité.

Deuxième dizain. — 11. Les Petites voix, prière. — 12. Les Jeux, moralité. — 13. La Récréation, moralité. — 14. Dormez! moralité. — 15. Les Cloches, chœur imitatif. — 16. Le Boléro, fantaisie. — 17. A M. Jean de La Fontaine, boutade. — 18. Noël Rustique, chœur religieux. — 19. Jeanne d'Arc, chœur historique. — 20. La Distribution des prix, chœur.

Troisième dizain. — 21. Le Rouet, moralité. — 22. Jean qui pleure et Jean qui rit, moralité. — 23. Musique et poésie, chœur mythologique. — 24. Le Chant du mousse, fantaisie. — 25. Chut, chut! chœur imitatif. — 26. L'Enfant malade, chœur religieux. — 27. Blonde et Brune, moralité. — 28. Le Chien, boutade. — 29. Zamba, chant nègre. — 30. Tambour battant! fantaisie.

Chaque chœur se vend séparément.................. » 40
Chaque dizain.................. 3 50
La collection des 30 numéros.................. 10 »

Chants de jeunesse, Solos et Chœurs à trois voix égales, avec accompagnement de piano ou d'orgue, paroles de M. LALUYÉ, musique de M. ROGAT.

Pour jeunes gens. — 1. Moisson de couronnes. — 2. Le Tournoi. — 3. Ronde des Écoliers. — 4. Chanson de jeunesse. — 5. L'Ange du travail.

Pour jeunes filles. — 6. La Ruche. — 7. Le Bouquet. — 8° Les Muses.

Pour les deux sexes. — 9° Vox Dei. — 10. Prière.

Prix de chaque mélodie .... » 50
Les dix morceaux ensemble.................. 4 »

Les Chansons de l'Écolier, Chants à une ou plusieurs voix pour les Fêtes et Récréations littéraires des Maisons d'éducation, par MARCELLIN-MOREAU. 1 vol. gr. in-18 de 140 pages... Prix, broché. 1 50

Les Rondes du Couvent, Poésies enfantines, avec la musique des airs appropriés aux rondes, par LE MÊME. Joli vol. grand-18. Prix, broché.................. 1 50

Premières Leçons de Lecture musicale et de Transposition, par Louis COCHERY, instituteur à Paris, maître de chapelle de la Maison impériale des Gobelins. 2e édition. Prix.................. 1 50

Cet ouvrage, d'un genre entièrement neuf, renferme, en quelques pages de texte et environ 150 pages de musique, les quatre parties suivantes : *Principes, Intonation, Rhythme, Ensemble.* En somme, 453 leçons qui, par une ingénieuse combinaison, forment plus de 4,000 exercices!

Paris. — Imprimerie de Pillet fils aîné, rue des Grands-Augustins, 5.

www.ingramcontent.com/pod-product-compliance
Ingram Content Group UK Ltd.
Pitfield, Milton Keynes, MK11 3LW, UK
UKHW031841260826
14628UKWH00002B/520

9 782014 443080